战国七雄故事

李山讲

之 波谲云诡

李 山/著

浙江教育出版社·杭州

图书在版编目（CIP）数据

李山讲战国七雄故事之波谲云诡 / 李山著． —— 杭州：浙江教育出版社，2019.7（2021.1重印）
ISBN 978-7-5536-7630-2

Ⅰ．①李… Ⅱ．①李… Ⅲ．①中国历史－战国时代－青少年读物 Ⅳ．① K231.09

中国版本图书馆 CIP 数据核字（2018）第 199361 号

李山讲战国七雄故事之波谲云诡
LISHAN JIANG ZHANGUOQIXIONG GUSHI ZHI BOJUEYUNGUI

李山 著

总 策 划	北京大地万策文化发展有限公司		
项目统筹	何黎峰 盖 克	责任编辑	潘 啸
美术编辑	曾国兴	封面设计	王议田
责任校对	谢 瑶	责任印务	陆 江 潘 莹

出版发行	浙江教育出版社
	（杭州市天目山路40号 邮编：310013）
印 刷	三河市南阳印刷有限公司
开 本	710mm×960mm 1/16
印 张	11
字 数	108 000
版 次	2019年7月第1版
印 次	2021年1月第2次印刷
标准书号	ISBN 978-7-5536-7630-2
定 价	38.00元
联系电话	0571-85170300-80928
网 址	www.zjeph.com

版权所有·侵权必究

目录 Contents

- **1** 三家分晋——一场臣仆群殴兼并的好戏
- **12** 李悝变法——魏国猛虎横空出世的一次改革
- **21** 西门豹治邺——巧施妙计拆穿迷信把戏
- **28** 商鞅变秦——一个冷酷立法者的生前身后
- **38** 赵武灵王——被活活饿死的太上皇
- **48** 邹忌相齐——一个美男子的治国之道
- **57** 宜阳之战——登上崤山俯瞰六国
- **68** 孙庞斗智——老同学间的相恨相杀
- **78** 连横霸秦——当巧舌如簧遇天真大王

89	苏秦合纵——一张嘴说遍天下无敌手
99	辩才陈轸——一个经常跳槽的说客
108	远交近攻——奠定秦国统一大业的计谋
118	低调之士——鲁仲连一箭书信退燕兵
125	盗符救赵——半块虎符引发的血案
137	田文养士——鸡鸣狗盗之徒也能派上大用场
147	黄歇相楚——一世精明却死于大意的楚国公子
156	四大刺客——这些杀手不太冷

三家分晋

——一场臣仆群殴兼并的好戏

庄子写庖丁解牛的故事,把一个剔骨割肉、骨肉剥离的过程写成了一个富于韵律的过程。他以文学手法美化了一件很痛苦的事情。因为站在牛的角度,那是要经历流血之痛的。

战国这两百多年,也是一个很痛苦的时期,崇尚暴力和诈术。其中一个重要的变化,就是西周以来的旧贵族被新的统治者取代。

孙武子洞察秋毫

大家知道,晋国(主要统治区位于现在的山西)进入春秋以来,先是晋文公争霸,后来又有晋悼公复霸,霸业延续的时间很长。要争霸,必然要打仗。要打仗不可能只有君主去,光杆司令可不行,那就要用到大臣了。大臣打了胜仗,君主就得给他们好处,赏给他们土地和人民。就这样,君主手下的卿大夫们地位不断提高,

权力也越来越大。到后来，几大家族之间轮流执政，就彻底架空了君主。

晋国的几个家族为了扩充自己的势力，互相虎视眈眈。我们可以用世界杯足球赛的赛程，来打一个形象的比方。晋国最初有数十个大大小小的卿大夫家族，互相之间吞并，到后来只剩下十二家。而这十二家还不是笑到最后的，很快又被淘汰到只剩六家。换言之，淘汰率几乎是对半的。剩下的这六家，通过各自的手段瓜分了之前六家的土地封邑、人口、财货，晋级下一轮比赛。结果，"六进四"的赛事相当惨烈，前前后后从国内打到国外，战火持续了整整八年。

其实，当晋国大臣之间你消灭我，我消灭你，最后只剩下韩氏、赵氏、魏氏、智氏、中行氏和范氏的时候，这种情形被远在吴国的一位赫赫有名的人物看到了，这个人就是孙武。

有一篇叫作《吴问》的出土文献，里面记载了孙武与吴王的一次谈话，说起了晋国六卿的斗争。

吴王问孙武，北方的晋国，六家都在争强，将来到底鹿死谁手啊？

孙武笑笑说，将来笑到最后的应该是赵氏家族，范氏、中行氏先亡。

吴王一听不由惊诧，赵氏家族并不是很强啊！当时最强的应该是智氏，其次是范氏和中行氏。

知识链接

赵氏孤儿

三家分晋中的赵氏就是我们所熟知的"赵氏孤儿"中赵武的后代。赵氏为晋国世族，赵武的曾祖赵衰是晋文公时的大夫，曾辅佐文公成就霸业。其祖父赵盾作为晋国的执政大臣，历事襄公、灵公、成公三朝。其父赵朔在晋景公时，继任大夫之职。晋景公三年（公元前597年），担任司寇的晋国大夫屠岸贾图谋作乱以控制晋国的政权，决定首先消灭赵氏势力。于是就借口赵穿（赵盾的族弟）曾刺杀晋灵公，其责任在于赵盾，便背着晋景公擅自发兵攻打赵氏于下宫，要灭了赵氏全族。赵朔的妻子是晋成公的姐姐，当时怀有身孕，逃进王宫躲避。过了不久，生下一个男孩，这就是历史上有名的"赵氏孤儿"赵武。据《史记·赵世家》记载，当时，屠岸贾曾进宫搜寻孤儿，赵朔的妻子把孤儿藏进裤裆里，祝告说："赵家灭乎，若号；即不灭，若无声。"果然在搜寻的过程中，孤儿就没有出声。后来，孤儿被赵朔的门客公孙杵臼和赵朔的朋友程婴辗转救出宫去。公孙杵臼为此还献出了生命，程婴带着孤儿藏匿到山中。赵武16岁那年，在德高望重的晋大夫韩厥等人的努力下，晋景公终于为赵氏昭雪，平反了冤案，发兵攻灭了屠岸贾，并尽灭其族，立赵武为大夫，恢复了赵氏的土地封邑。

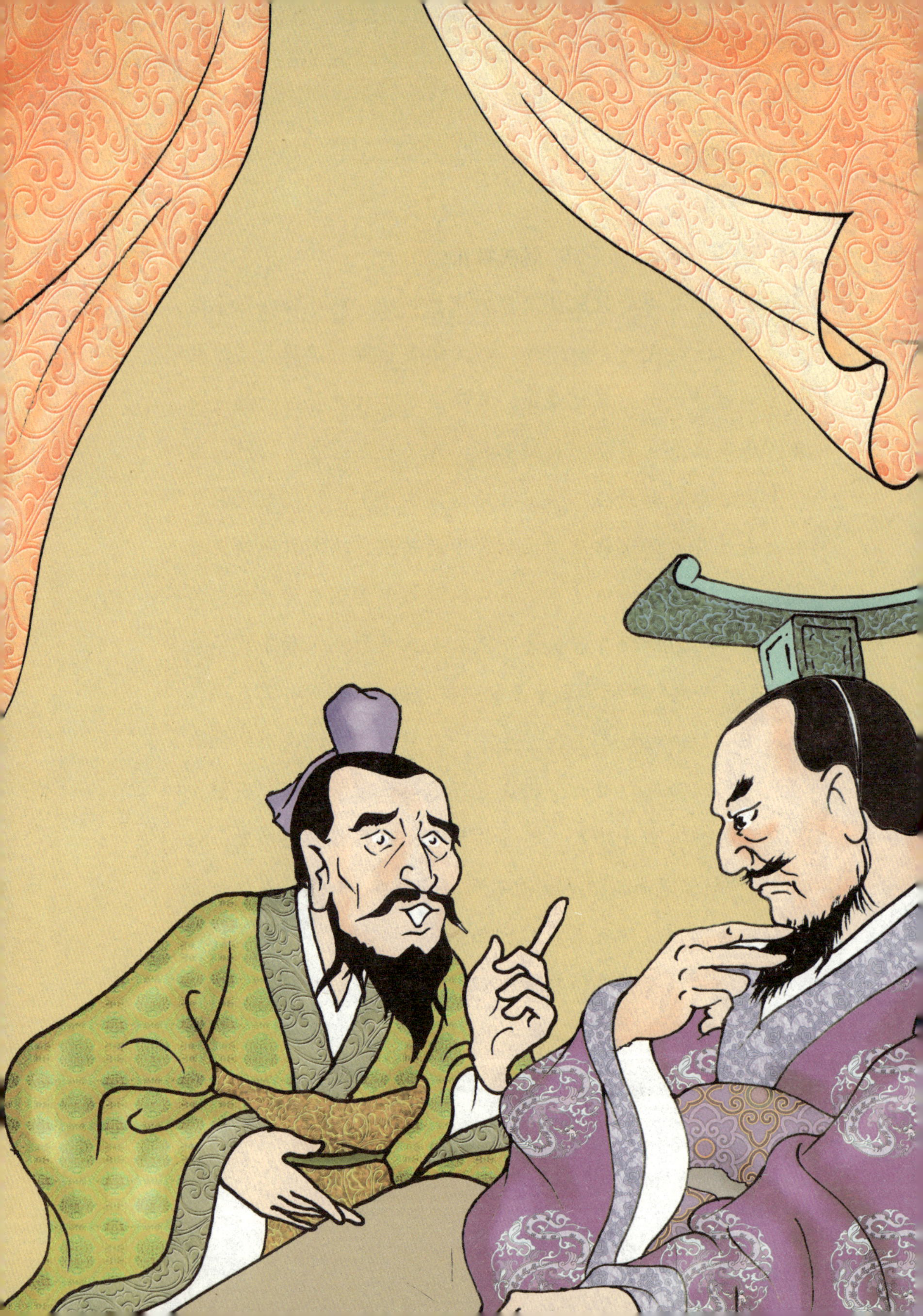

孙武向吴王解释说，范氏和中行氏租给农民土地的田亩量最少，一亩只有160步，智氏是180步，韩氏、魏氏则是200步，最多的是赵氏，为240步。而且赵氏还是"公无税焉"，不收税或是税收很少，而韩、魏等五家则是五分税一。

老百姓从谁家得到的好处多就会支持谁，因此孙武判断赵家最后能胜利，这是因为赵家最会收买人心。

智伯瑶水淹晋阳

孙武是军事家，可是他也懂政治和世道人心，其实也就是把当时新贵上台的小把戏看穿了。果不其然，没多久，赵氏便联合韩、智、魏三家率先灭掉了范氏和中行氏。

随着中行氏和范氏惨淡出局，晋国天下除了被架空的"裁判"晋侯外，再次晋级的智氏、赵氏、魏氏和韩氏四卿家族代表队之间，来不及休整就正式拉开了"半决赛"的序幕。

智家的大夫智伯瑶想侵占其他三家的土地，于是就对他们说："晋国本来是中原霸主，后来被吴国、越国夺去了霸主地位。为了使晋国强大起来，我主张每家都拿出一百里土地和户口来归给公家。"

其他三家大夫赵襄子、魏桓子、韩康子都知道智伯瑶居心不良，想借着公家的名义让他们交出土地。

虽然他们对智家的如意算盘心知肚明，本可以联合起来共同对敌，可这三家心不齐。韩康子畏惧智家强大的势力，首先做了

妥协，把土地和一万家户口让给了智伯瑶。看到这样的情况，魏桓子也不愿得罪智家，虽然心不甘情不愿，但还是老老实实地把土地出让了。

智伯瑶又向赵襄子要土地，赵襄子可不答应，土地是上辈人留下来的基业，说什么也不能轻易让人。

智伯瑶气得火冒三丈，命令韩魏两家发兵一同攻打赵家。赵襄子自知寡不敌众，就带着赵家兵马退守晋阳（现在的山西太原）。

由智伯瑶率领的人马把晋阳城团团包围，赵襄子吩咐守城将士只能守城，不许交战。双方势均力敌，毫无进展。

一转眼两年多过去了，三家人马还是没能把城池攻下。

有一天，智伯瑶去城外察看地形，看到晋阳城东北部的晋水，脑海里突然闪现了一个想法——把晋水引到西南来，水淹晋阳城。

于是他命令士兵挖河道，一直通到晋阳，又修筑堤坝，拦住上游的水。

那个时候正值雨季，河水暴涨，智伯瑶命人打开了大坝上的缺口，大水直接就冲到晋阳城里去了。

城里的房子被淹，老百姓不得不跑到房顶上去避难，城里的人对智伯瑶恨得咬牙切齿，宁可被水淹死也不愿投降。

晋阳人在城里看海，智伯瑶带着韩康子和魏桓子在城外高处看海。智伯瑶对于自己的杰作相当满意，骄傲之情溢于言表。他对同行的韩、魏二主感慨自己用兵多年，从来没发现河水也是可以用来攻城灭族的。

> 知识链接

水 攻

在战争中用水作为武器向对方进攻的做法，被称为"以水代兵"，在我国古代又称为"水攻"。

以水代兵的历史可以追溯到两千年以前。据史料记载，国外最早有以水代兵战例的国家。公元前689年，亚述国王森纳彻里伯进攻巴比伦人，便在幼发拉底河上建造了一座水坝，形成庞大的水库，然后决坝冲城，致使巴比伦人覆灭，从而开创了水坝用于军事的先河。几乎与此同时，公元前685年我国也出现了水攻的战例。当时楚国进攻郑国和宋国，对郑国采取"火攻"战术，而对宋国采用"水攻"战术——在河道上建坝，截断东流的河水，致使上游河水暴涨，使宋国遭受洪水之灾。鉴于此种情况，春秋霸主齐桓公还出兵干预，要求楚国拆除水坝。

在我国古代，水攻具有形式多样、技术复杂的特点，这说明我国古代先民对水特性的认知及对水的利用都达到很高的水平。

但是，水攻也给人民造成了不小的灾难。比如1938年为阻止日军西进，国民党军扒开黄河南岸的花园口，造成人为的黄河决口改道，形成大片的黄泛区。虽然此举给日军的进攻造成一定程度上的麻烦，但给黄泛区人民也带来了深重的灾难。

魏桓子和韩康子虽然在表面上附和智伯瑶，赞同他说的话，但是心里暗自忧虑。原来魏家的封邑安邑（现在的山西夏县西北）、韩家的封邑平阳（现在的山西临汾西南）旁边都各有一条河，智伯瑶的话正好提醒了他们，晋水既能淹晋阳，说不定哪一天安邑和平阳也会遭到与晋阳同样的命运呢！一想到这里，他们便心有余悸，不免有"兔死狐悲"、物伤其类之感。

韩赵魏三家分晋

晋阳城自从被水淹之后，情况越来越困难。赵襄子非常焦急，虽然在巨大的灾难面前民心没有变，但是如果水再涨一点的话，估计全城就保不住了，在这紧急关头，必须采取行动才行，不能坐以待毙。

赵襄子的一个门客张孟谈说："这三家之间也有矛盾。虽然韩、魏两家在表面上顺从智伯瑶，把土地让给了他，但肯定也不会心甘情愿的，说不定能从这里找到挽救局势的突破口。我去找韩魏两家说说看。"

当天晚上，赵襄子就偷偷派张孟谈出城，找到魏桓子和韩康子，说服他们反过来一起攻打智伯瑶。本来韩、魏两家就对智氏强迫他们交出土地的做法心存不满，再加上对水淹城池的忧虑，所以经这么一鼓动自然就同意了。

第二天夜里，过了三更，智伯瑶正在酣睡中，猛然间听到一片厮杀的声音，他吓得惊起，发现自己的衣裳和被子全湿透了，

再定睛一看，兵营里全都是积水。他开始还以为是大坝决口，大水冲到自己的兵营里来了，赶紧让手下的人去抢修。但是水势越来越大，把兵营全都淹了。

正在智伯瑶不知所措之时，突然，四面八方响起了战鼓，韩、赵、魏三家的士兵乘着小船一齐冲杀过来。智家的兵士被淹死和被砍死的不计其数，最终全军覆没，而智伯瑶本人也被逮住杀了。

韩、赵、魏三家不仅灭掉了智氏，把智伯瑶侵占的两家土地收回来，还把智家所有的土地和财产也瓜分殆尽。

就这样，韩、赵、魏三家在晋国内部形成了鼎立之势，并且不断壮大自身的实力，彻底孤立了晋侯。

公元前403年，三家分别派出使者去见周威烈王，要求周天子把他们封为诸侯。那时周王室衰微，自顾不暇，对于这种鸠占鹊巢的既定事实，只好被迫作顺水人情。这就是"战国七雄"中韩、赵、魏三国的由来。

此时的晋国公室尚在，但已奄奄一息，名存实亡。最终，在公元前375年，韩、赵、魏三国废掉了晋国最后一任君主晋静公，晋国公室土地彻底并入三家。晋国至此消失在了先秦历史之中，而天下大势已进入了大争之世——战国时代。

> 知识链接
>
> ### 划分春秋与战国的标志
>
> 我们通常把东周时期分为春秋与战国，但很多人并不知道史学界究竟是根据哪个节点进行的断代划分。关于这个划分的节点，有几个主要观点：其一是将史书《春秋》和《左传》的纪事终点作为战国时代的开端，其二是以孔子去世的前后时间作为战国时代的开端，其三是将"三家分晋"作为战国时代的开端。

‹智慧点津›

三家分晋的故事说明了这么几个问题：一是旧贵族的没落。当年，讨伐商纣王的时候，老百姓都跟着周贵族走，可是几百年过去了，贵族们富贵太久，开始抛弃当年追随自己的老百姓，那么老百姓也不会再拥护他们。二是整个政权变更过程也反映出世道人情的深层变化。从有文字记载以来的很长时间，中国人就信仰德行、相信亲情，崇尚人际

关系的和谐，可到了这个时候，西周以来重视宗族血缘关系的传统观点已经被抛在脑后，人们眼里只有利益、土地和人口。比如赵氏家族赵简子与赵午之间的内斗，本来都是赵家人，可是家族势力大了越分越远，于是正门正支就要消灭旁门旁支。同一家族内部尚且如此，更何况并无血缘关系的家族之间呢？所以，从这件事中我们看到了战国时期的另一个生存法则——兄弟与否不要紧，谁妨碍了自己的利益，就得把他干掉。

李悝变法

——魏国猛虎横空出世的一次改革

魏国之所以能够成为"战国七雄"中第一个雄起的国家,同伟大的变法家李悝的创造力有很大关系。李悝变法向来是和商鞅变法齐名的一次变法行动,其历史地位要高过吴起在楚国进行的吴起变法。但是和商鞅、吴起比起来,李悝的名号总是显得不够响亮,这也和他的神秘身世有着很大的关系。李悝这个人实在是太神秘了,以至于除了他的变法和《法经》之外,甚至没有留下什么见于史书的故事,也有人认为他和曾任中山相的李克实为一人。

因势利导寓兵于民

李悝生活于魏文侯时期,或许毕业于魏国享誉盛名的"孔府大学河西分院",当时的"校长"是子夏。

> **知识链接**
>
> ### 子 夏
>
> 　　子夏姓卜名商,字子夏,是"孔府大学"的一位优秀毕业生。他同孔子的得意弟子子渊(颜回)、子骞(闵损)、伯牛(冉耕)、仲弓(冉雍)、子有(冉求)、子贡(端木赐)、子路(仲由)、子我(宰予)、子游并称为"孔门十贤",是孔府"十大杰出青年"之一。
>
> 　　子夏作为孔子的优秀弟子,其主张并不止于发展孔子的儒家思想,而是创造性地发展出了"河西学派",创造出了一种偏向于法家的儒家思想,后世的韩非甚至将其视为法家。他培养出了各式各样的优秀人才,甚至日后威震天下的大将军吴起也曾经在子夏这里学习过。

　　作为这样一个名校的毕业生,李悝当然不会找不到工作。起初,他担任了上地太守,虽然这名字听着比较厉害,其实就是一个能调动地方军队的县长。

　　按正常的程序,作为一个优秀的法律人才,李悝先生应该是颁布法令,打击权贵,致使上地大治,路不拾遗、夜不闭户,然后国君嘉其贤,迁为×××。但是李悝可不是一个死读书的家伙,上地在秦魏边境,假如你治了三年,是大治了,可是万一"×年,秦军至,屠其城、枭其首、掳其民"之类的事情发生的话,你治

得再好都没用。于是李悝利用了特殊的方法来治理这样一个边境县城。他下令："以后那些审不清、辨不明的案子,本官不伺候了!你们就去比射箭,谁能射谁就有理,老爷我就判谁赢。"大家一听,这还得了,别干别的了,都练射箭去吧。

这下好了,大家日夜练习射箭,一个个练得虽不能说百发百中,但也可以说是十中八九了。恰好有一天,一伙不知死活的秦军就闯进来了。李悝一看,心说来得好!马上准备迎敌。秦军气势浩荡地来了,正在列队准备冲锋的时候,突然那边飞过来了一支箭,直接把一个秦军士兵爆了头。秦军奇了怪了,心想这么远的距离,是蒙的还是射的啊?

这时第二支、第三支箭飞了过来,又有几个倒霉的秦军士兵惨遭秒杀。这下秦军开始明白,这估计不是蒙的。随着千百支箭射了过来,又有无数的秦军士兵死于箭下,这回秦军可以确定,他们绝不是蒙的了。秦军看到对方一下子出了这么多个神箭手,顿时慌乱起来,魏军大队的民兵趁机出城攻击,秦军虽然很牛,但由于被打了一个措手不及,顿时溃败。

魏文侯以国事相托

这次上地大捷,是李悝同志练兵有功啊!魏文侯心想,这名校的毕业生就是不一样,能耐就是大啊!小伙子这么大能耐,别在那鸟不拉屎的地方混了,调进中央来吧。李悝进了中央之后,就送了魏文侯一篇自己以前写的"博士论文"。就是这篇"博士论文"，把魏文侯彻底打动了。这篇论文不是别的，正是那本著名的《法经》。

> **知识链接**
>
> ### 魏文侯其人
>
> 魏文侯是战国初期的一位圣明君主，他的许多事迹流传至今。据刘向《新序·杂事第二》记载，一次出行时，魏文侯在路上遇到一个反穿皮裘（古人穿皮裘以毛朝外为正）的人正背着柴禾行走。魏文侯问他为何要反穿皮裘，那人回答说："我怕皮裘上的毛被磨掉了。"文侯说："你不知道要是磨坏了皮裘的里子，皮裘上的毛就会无所依附了吗？"
>
> 第二年，魏国的东阳地区交了多于平时九倍的钱粮，大臣们都来贺喜。文侯却满心忧虑地说："这可不是好事啊！那个反穿皮裘的背柴人爱惜皮裘的毛，却忽视了更重要的皮裘的里子。东阳没有增添新的耕地，也没有听说那儿的人口增多了，可钱粮是平时的十倍，多的部分肯定是当地官员剥削来的。想到这里，我心里很是不安，恐怕这样下去，国家不会长治久安，可你们为何还要来贺喜呢？"

就内容上来讲，《法经》确实不愧是一部优秀的法律著作，它分为盗法、贼法、囚法、捕法、杂法、具法等六个部分。

（1）盗法明确了人们私有财产的不可侵犯性，对侵犯私有财产的"盗"的行为施以重刑，甚至产生侵犯他人财产的动机也会被当成犯罪。

（2）贼法则是关于杀人罪和伤人罪的处理方法。其中规定：杀一人者死，并籍没其家和妻家；杀二人者，还要籍没其母家。这招砍头抄家以后逐渐演变成了封建时代君王的大绝招，被这招搞得家破人亡的大臣不在少数。

（3）囚法是关于关押盗和贼的条文。

（4）捕法是关于捉拿盗和贼的条文。

（5）杂法包括淫禁、狡禁、城禁、嬉禁、徒禁、金禁、禁止逾制等七项内容。

所谓的淫禁就是禁止荒淫。凡丈夫有一妻二妾的要处割耳之刑，丈夫有二妻的处死刑，妻有"外夫"的要处幽闭。

所谓的狡禁就是禁止盗窃符、玺和禁止议论国家法令。凡是盗窃符（虎符）的要处死刑，籍没全家为奴隶。盗窃玺（官印）的要处死刑。议论国家法令的，要处死刑，并要籍没全家和妻家为奴隶。

所谓的城禁就是禁止越城（翻越城墙）。一人越城的要处死刑，十人以上越城的要杀死其全乡和全族的人。

所谓的嬉禁就是禁止赌博。凡赌博的要处以罚金。如果是太子赌博，则处笞刑（用竹鞭打），如果处笞刑后还不停止赌博，便可改立太子（居然是王子犯法比庶民罪大）。

所谓的徒禁就是禁止群众集居。群众集居一日以上的要查问，三、四、五日的要处死刑。

所谓的金禁就是严惩贪污。相国贪污，处死左右。犀首（魏官名，相当于将军）以下贪污的要处死刑。但贪污黄金在一镒（普通说法为二十四两）以下的只处罚，不处死。

还有"禁止淫佚逾制"，就是禁止所用器物超越等级制度。如果大夫的家里有侯所用的物品要全族处死。（这条律法影响了未来两千年的封建制度，并且引得无数乱世英雄以突破此制度为目标而努力一生。）

（6）具法是根据特殊情况加重或减轻刑罚的法律。在减律中规定：凡十五岁以下的，罪大的减三等，罪小的减一等；六十岁以上的，犯小罪的酌情减轻，犯大罪的按法理减轻。

从水平上来讲，《法经》可以说是丝毫不在古代西方的《十二铜表法》之下了，比在它之前的《汉谟拉比法典》更是只强不弱。最可怕的是，这东西还是李悝他一个人整出来的！估计魏文侯当时肯定是看得傻了，这种高级别的著作实在是太超乎他的想象力了。他赶紧召见了李悝，诚心讨教治国之道。李悝说得头头是道，搞得魏文侯激动不已，握着李悝的手语无伦次："爱卿，魏国以后一切都拜托您了！"李悝笑道："吾有《法经》三律，三年之内定让大魏名扬天下。"

施变法魏国终强盛

李悝的变法就从这里开始了。变法除了按他写的《法经》开始立法之外，又实行了一系列经济措施，这些经济措施在当时是十分超前的。

首先就要说一说"平籴法"了。这个政策旨在推行重农抑商策略，提高农民种田的积极性。其规定由政府以"有形之手"控制粮食价格，政府在丰收之年以平价收购农户的余粮，以免商人趁机压低价格；而到了饥荒之年，政府将所储存的粮食以平价售出，以防商人趁机哄抬物价。乍一看，这还真是西汉盐铁官营的雏形啊，并且这招战略物资储备的政策在当时的战国环境下实在是太有必要了。而这种国家垄断的方法，在以后会被更伟大的经济学家修改成为配合市场经济发展的一种手段。

其次，李悝更是主张"尽地力"。他又给魏文侯写了一篇叫作《尽地力之教》的"经济学论文"，看得魏文侯也是赞叹不已。李悝自己调查研究出了一个数据：一百平方公里之内，有土地九万顷，除了山泽、人居占三分之一以外，可开发的田地有六万顷，而人用不用心耕种，最极端的情况可以造成每亩增收三斗或减收三斗的两种结果。这样一计算，每年百里之地的产量可以因为精耕细作而增产一百八十万石。

这个差距就很大了！能够在当时意识到这一点是不容易的，毕竟在乱世中，能够想到"高筑墙，广积粮"这招的一般最后都

能君临天下。而最早启发到他们的恐怕就是李悝的这个"尽地力"之策了。

不知道日本名将伊达政宗在晚年靠种地把自己的六十多万石领地种成一百万石之后，会不会在心中感叹自己的前半辈子累死累活、九死一生地把领地从六十万石扩充到六十四万石的行为是多么愚蠢，也不知道他如果早学习一下李悝的《尽地力之教》，是不是能少奋斗不少年？

在政治方面，李悝和很多变法者一样，主张废止世袭贵族特权。这些贵族平时喜欢吃喝嫖赌，赌还老输，基本上就是国家的祸害。要知道，李悝的名言可是"食有劳而禄有功，使有能而赏必行，罚必当"和"夺淫民之禄，以来四方之士"啊！（这里的"淫民"指的就是那些光吃饭不干活的世袭贵族。）魏国对各国人才的吸引力一下子变强了，而那些地主阶级也可以凭借自己的能力进入政界，为自己谋得一官半职，这样就加速了传统卿大夫制度的灭亡和封建官僚制度的兴起。

魏国通过李悝的这次变法改革，在政治、经济、文化、军事等方面突飞猛进，一跃而成为中原的一只猛虎，奠定了其在战国时期称霸百年的基础。

<智慧点津>

据说李悝死于公元前395年，但是他所带来的法家精神在其死后更加发扬光大。他的法家学说被吴起带到了楚国，被商鞅带到了秦国，被慎到带到了齐国，被申不害带到了韩国，最终传遍了整个中国大地，成为战国时代"百家争鸣"最后的赢家。李悝的变法是中国变法之始，法家学说的大厦已经被李悝筑起了，商鞅们所需要做的就是给这栋大厦添砖加瓦而已。纵观李悝一生所为，不由得对李悝这个人和他所领导的基本没有流血的变法行动感到敬佩，他的智慧确实在战国时代显得鹤立鸡群，他超前的理论思想也使得中国比很多国家更早地告别了奴隶制经济，步入了小农社会。

西门豹治邺

——巧施妙计拆穿迷信把戏

邺县（现在的河南临漳县内）是魏国抑制赵国南进中原与其争势夺利的战略据点，所以治理这个地方的必须是个出类拔萃、能独当一面的人。后来，魏文侯选定了西门豹来担任邺县县令。西门豹不负所望，在邺县大力发展农业，同时还采取"寓兵于农、藏粮于民"的政策，短时间内就使那里民富兵强，成为战国时期魏国的东北重镇。

破除迷信发展农业

魏文侯在魏国漳水向南最凸出的地方建了邺县，这给一直跃跃欲试、想要南进中原的赵国当头一棒。但很快，他又开始为找谁来治理邺县犯了难。后来，魏文侯听取翟璜的建议，选定了威名远扬的西门豹来担任邺县的县令。

西门豹到了邺县后,发现此地人烟稀少,满目荒凉,就叫来当地百姓,问他们这里为何如此萧条。百姓们告诉他:"我们这里有条河叫漳河,河中的水神叫河伯。巫婆说河伯喜欢年轻貌美的女子,我们要想人口平安、年年有好收成的话,就必须满足河伯的要求,每年给他娶一个媳妇。因此,官员和乡绅们就向我们收钱给河伯娶妻。"

知识链接

祭河神

屈原所作《九歌·河伯》,就是祭水神河伯的歌词。王夫之云:"河伯,河神也。"祭祀河神是我国古老的民间风俗,在崇拜河神的同时,也出现有对湖神、泉水神、井神等的崇拜活动。世界上的大河如尼罗河、第伯尔河、泰晤士河、恒河等,在古代都被人们加以神化和崇拜。在印度古书中,记载着关于恒河从天上流下来保佑着这个世界的传说。

在中国发现的岩画中,有许多祭祀河神的图像。祭河神与古代人们傍水而居有关。在日常生活中,大河能给人类带来财富,也会给人类带来灾难,所以说祭河神同样反映了人们对滔滔河水的尊敬和畏惧。祭河神的宗教习俗,在中国南方和东南亚地区较为盛行。柳宗元在《柳州峒氓》中,曾有"鸡骨占年拜水神"的诗句。据说龙舟竞渡的古老意义也是祭河神。

百姓接着说:"他们每年收得数百万钱,可为河伯娶媳妇只用二三十万钱,剩下的他们就和巫婆平分了。巫婆得了钱后,就出来逐户查看,看到合意的女子便说她适合作河伯的新娘子。被选中的人家,有钱的花点钱就糊弄过去了,没钱的可就遭殃了。"

"巫婆强行为选中的女子沐浴更衣,并给她准备斋戒。到了规定的日子,他们就在漳河边放一张苇席,让女子坐在席上。然后,他们就会将席子放到水中,任它向下游漂去。一会儿工夫,人和席都沉下去了。为了避免被巫婆选中,有年轻姑娘的人家大多带着女儿逃走了,这里的人口就这样越来越少,也变得越来越穷了。"

西门豹问他们:"如果给河伯娶了媳妇,漳河是不是就不发大水了?"一个老人说:"虽然还发,可巫婆说要是不给河伯娶妻子,水会更大。"西门豹若有所思地说:"这么说来,河伯还是很灵验的啊!下次他娶媳妇时,你们告诉我一声,我也去送送新娘子。"

到了河伯娶妻那天,西门豹果然也来到了河边。地方的大小官员、远近乡绅,还有老百姓,有两三千人来参加河伯的娶妻典礼。

操办此事的大巫婆已经七十岁了,有十几个女弟子在后边跟着她。西门豹对大巫婆说想看看河伯的新娘子,大巫婆就让女弟子将新娘子领来了。西门豹看了看说:"不行,这姑娘长得不行。还请大巫婆去河里通知河伯一声,说得另找美女,后天给他送过去!"

说完,西门豹就命武士把大巫婆扔进了河里。巫婆扑腾几下

后就没了人影，水面也逐渐恢复了平静。等了一会儿，西门豹说："大巫婆怎么去了这么长时间还不回来？叫一个人去催催。"于是，又把巫婆的一个女弟子扔到了河里。

投下三个女弟子后，还不见有人出来，西门豹说："女人不会办事，还是请收钱的乡绅们去一趟吧！"话音刚落，早有几个武士上去将那些与巫婆勾结行骗的乡绅像扔石头一样扔到了河里。围观的人都被这情形吓呆了，西门豹却神情自若，他向着河水行礼，又恭恭敬敬地等了一会儿。

西门豹见河中还是没有动静，就扭头说："他们都不回来，怎么办？"于是，又想让一个乡绅去河里送信。这些借河伯娶妻的鬼话得了不少好处的官吏、乡绅见状，个个吓得面色苍白，全都跪下来使劲磕头，直磕得鲜血直流，恳求西门豹别把他们扔进河里。

西门豹这时才说："河里哪有什么河伯？大巫婆和你们以这名义害死了多少女子，得了多少不义之财！如今这些元凶都得到了惩罚，以后谁再敢提为河伯娶妻的事，就让他们到河里见河伯去！"此后，邺县再也没有发生为河伯娶妻的事，逃到外地的邺县百姓听说这件事后，纷纷归来。

解决了河伯娶妻的事，西门豹开始对邺县进行治理和革新。在他的领导下，邺县百姓开凿了十二条水渠，引漳河水浇灌农田。原来的盐碱地变成了肥美的耕地，每亩地的产量高于别的地区四倍多，漳河水也不再危害百姓了，邺县的经济逐渐繁荣起来。

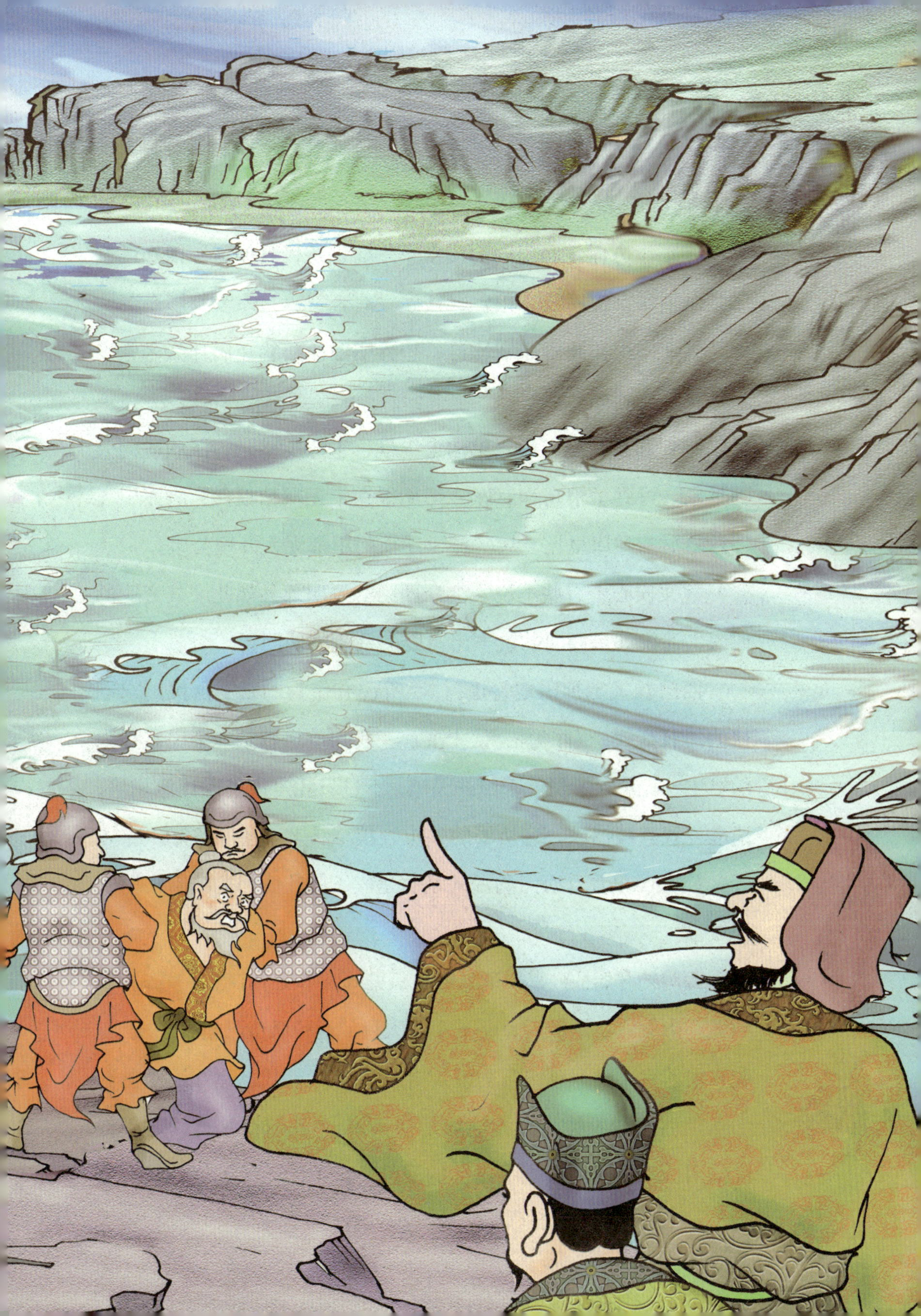

寓兵于农藏粮于民

在军事方面,西门豹的民众军事化训练极具创意。他在邺县做县令期间,粮库没有粮食,钱库没有金银,兵库没有多余的武器。魏文侯得知此事非常惊讶,想弄明白西门豹在搞什么名堂,于是就亲自到邺县视察。

刚到邺县,魏文侯只见沟渠纵横,禾稼茂盛,一派欣欣向荣的景象。可到了粮仓和府库,却见粮仓中无颗粒粮食,府库中无锱铢之财,兵库里无一兵一械,连衙门里都无人办理公事。

魏文侯心中有些不悦,责令西门豹说明邺县如此"贫穷"的原因,还说如果西门豹说不出原委的话就将他问斩。

西门豹气定神闲地答道:"臣听说有作为的君主富民,求霸权的国君富武,而亡国之君才富官。我知道您想做一个民富兵强的君主,就采取了积蓄于民的策略。不过只凭言说难以让您相信,请准许我登楼擂鼓,您所要的兵士、粮草马上就会准备好。"

魏文侯想看看西门豹说的是真是假,就让西门豹陪着一同上了城楼。

西门豹开始擂鼓,一通鼓后,只见邺城军民个个装备整齐,来到城下待命;二通鼓后,一支车载人挑的运粮队伍已集合于城下。魏文侯欣喜不已,对西门豹说:"下令收兵吧,我已经知道了!"

但西门豹不愿下令,他摇了摇头说:"我与百姓有约定,得讲信用。现在既然擂响了出征的战鼓,就不能无缘无故地解散集

合起来的队伍，否则他们今后将不会听命于我了。"

言毕，他神色凝重地向魏文侯请战："魏国的八座城池经常受到燕军的骚扰，臣请求向北进军，收复失地。"得到魏文侯的同意后，西门豹带领将士向北攻燕，不久就收复了被燕国夺去的土地。

邺县的生产在西门豹的治理下迅速发展，军事力量也大大增强，各行各业十分繁荣。邺县百姓对西门豹心存感激，非常拥护魏国，所以赵国始终无法占领邺县，而魏军总能在邺县百姓的支持下很快赶走赵军，使赵国无法南入中原与魏国争霸。

＜智慧点津＞

西门豹治理邺县的方法令人叫绝，他以河伯的新娘不美为由，救下了本该葬身鱼腹的民间女子，又以向河伯禀报、请示为由，把老巫婆及其三个女弟子投入河中，何其痛快！以其人之道还治其人之身，让铁的事实说话，不以权势代替真理，只需简单地实践一把，便将神的谎言与人的骗局揭露无遗。另外，他把为民谋利作为第一要务，不做面子工程，藏富于民，让百姓切实享受到发展带来的成果。

商鞅变秦

——一个冷酷立法者的生前身后

经过商鞅变法，秦国在政治、军事上实现了翻天覆地的变化，在与其他诸侯国的竞争中抢占了先机，强秦的局面基本形成。然而，秦孝公的突然离世给商鞅本人带来了巨大的灾难。公元前338年，商鞅被秦孝公的继任者秦惠王"五马分尸"。他的死给后人留下太多议论的空间，有人指责他刻薄少恩，他极端而无德的行为给自己悲惨的结局埋下祸根；也有人认为，他是一个有着高尚理想情操的人，堪称做人行事的典范。

为何有如此迥然不同的评价？这还得从商鞅其人及其变法之事说起。

别魏国投名事秦

商鞅是卫国王族里一个庶出的公子，本名叫公孙鞅，他从小就喜欢学习刑法，但他认为卫国太小，没有施展才华的机会，于是就到了魏国。当时的商鞅还只是一个小人物，在魏国等待被重用的机会，他投奔和依靠的主人叫公孙痤。不久，公孙痤就发现商鞅这个人了不得，就把他推荐给魏惠王，但是魏惠王没有接受。

> **知识链接**
>
> ### 魏惠王
>
> 魏惠王，魏国第三代国君，魏文侯之孙，魏武侯之子。因为他把魏国都城从安邑（现在的山西夏邑禹王村）迁至大梁（现在的河南开封），所以又被称为梁惠王，相传曾问政于孟子。魏惠王在位中期重用庞涓，导致孙膑投奔齐国，损失了一个大人才，后来魏国两次为齐国所败。庞涓死后，魏国的军事实力彻底衰落。

不久，公孙痤重病不起，魏惠王亲自去探望他。魏惠王问道："如今你重病在身，我该把国家大事托付给谁呢？"公孙痤很严肃地回答："我之前给您推荐过一个人，叫商鞅。他虽然很年轻，但是个少有的奇才，大王可以让他来代替我。"可是公孙痤的这番肺腑之言魏惠王并没有听进去，心想一个年轻人能有什么能耐，以为他病重在说胡话，不以为然，转身准

备离开。

公孙痤见魏惠王不肯重用公孙鞅，便又说道："如果大王不重用他，就要把他杀掉，以他这样的才华，若是到了别的国家，肯定会危及魏国的。"魏惠王当然也没有听进去，只是胡乱地点了点头，快速地离开了。

等魏惠王走后一小会儿，公孙痤又觉得不妥，可能是因为想到一个青年才俊即将因为自己的一句话而死感到愧疚吧。他又派人叫来商鞅，告诉他事情的经过，让他赶紧逃离魏国。可是商鞅毫不在意地说："既然大王不听您的话重用我，又怎么能听您的话来杀掉我呢？这肯定是不可能的，我是不会逃的。"

魏惠王回到宫中，还与大臣们谈笑："公孙痤病得不轻，尽说胡话，说任商鞅为相，还说不用就杀了他。真可笑，一个毛头小子能有多大能耐！"不久，公孙痤去世，正如商鞅所料想的那样，魏惠王没有杀他，当然也没有重用他。

恰好在那个时候，秦孝公下令在各地征求有才能的人，不论出身和国家。商鞅得知消息后，就只身前往秦国打算试一试。商鞅与秦孝公跟前的大红人景监是老熟人，景监便在秦孝公面前推荐了他。秦孝公决定召见商鞅，试试他到底有多大的才干，而商鞅也想知道秦孝公是否值得自己为之卖命。

俩人第一次见面时，商鞅还弄不清楚秦孝公的想法，于是就先试探性地从三皇五帝说起，什么三皇五帝、尧舜禹被他说了个遍。秦孝公碍于面子没有睡着，却根本没有听进去商鞅到底讲的

是什么。这一次见面不欢而散。事后，秦孝公怒斥景监："你推荐的什么朋友，就知道夸夸其谈。"景监将此话转述给商鞅，并责备了他。但是商鞅反而高兴了，他明白秦孝公的志向不在帝道。第二次见面，商鞅又从王道仁义讲起，秦孝公的兴致比之前好一点了，但还是觉得有点不着边际，哈欠连天，商鞅明白秦孝公的志向也不在王道。

他要求景监第三次引见，并保证这次一定能说服秦孝公。第三次见面，商鞅单刀直入，一上来劈头就问："当今天下四分五裂，您难道不想开拓疆土，成就霸业吗？"秦孝公一听来劲了，眼前一亮。商鞅知道这个符合秦王的口味，对症下药就好办多了。他继续说道："我的霸业之道能让秦国强盛起来。王道讲究的是顺应民情，慢慢地教化百姓，以德服众。但是霸道就不能这样，有时候不能顺应老百姓的心愿，反倒要用强迫的手段来改变他们的习惯。实行霸道就要有决心，别管百姓高兴不高兴，只要是有利的事情就坚决去做，等到改革有了成效，人们得到了切实的好处，他们才会明白君王是为了他们好。"听着听着，秦孝公不由自主地向商鞅靠拢，这对君臣终于确定对方就是自己需要的，一拍即合。秦孝公非常激动，很有气魄地说道："只要你有富国强兵的计策，我就有办法去执行。"

不过这时商鞅却泼了一盆"冷水"，说："要想改革彻底，就要信任所用之人，如果因为几个人的反对而改变主意，不仅会前功尽弃，还会让大王失去威信，所以您要想好，要做就做到底，

绝不反悔；若是不想改革，也不要浪费精力。"商鞅心里很明白，改革肯定会触动一些贵族的利益，遭到他们的反对，要是君王动摇，自己必定会成为众矢之的。他要给自己的事业铺好道路，让君王完全支持自己。

秦孝公早已经热血沸腾了，十分坚定地说："对！就是要干到底！"商鞅却说："大王，您还是好好考虑一下吧，等三天之后，若大王决定了，我才敢把详细的计划说出来。"说完便向孝公告辞。商鞅想让孝公多考虑几天，这样才会更有把握，如果改革只是孝公的一时之兴，自己将无法保身。

秦孝公哪里还坐得稳，结果第二天就去找他。商鞅却说道："三日期限未到，大王还是请回吧！"孝公很无奈，只好在约定日期再来拜访。俩人相谈甚欢，废寝忘食，一连谈了三天三夜。商鞅见秦孝公果真是励精图治，便不再推辞了。

徙木为信变法图强

秦孝公为支持商鞅变法改革，毫不吝啬地授予他左庶长之职。当时，商鞅的法令还没有颁布。为了在百姓中树立威信，他便在都城的南门外立了一根三丈高的木杆，对民众说："有谁能把这根木头搬到北门，就赏给他十金。"十金可不是个小数目，一个普通百姓就算不吃不喝，几个月耕种都得不到这么多的钱，所以老百姓都不相信这天上掉馅饼的好事。商鞅见没有人相信，又发布告示说："有谁能搬动此木，便赏五十金！"人们更加觉得匪

夷所思，认为其中必定有诈。但是正所谓"重赏之下必有勇夫"，这次终于有一个蛮壮的汉子站出来，二话不说，就将木杆从南门搬到了北门。商鞅果然赏给他五十金，在一旁围观的群众顿时沸腾了，都认为商鞅是个有魄力、说一不二的人。这就是后来流传甚广的"徙木为信"的故事。

通过这件事，商鞅在群众中树立了威信，于是在第二天便颁布了新法。

但是在改革过程中出现了很多难题，许多措施都触动了贵族的利益，反对的声音很大。秦孝公听了商鞅之前的话，坚决地推进改革，一些大臣便不再说什么。

商鞅改革的措施很多，比如有奖励耕战、鼓励垦荒、编订户口等，其中影响最大的是连坐法，这个是商鞅的独创。所谓的连坐法，就是先把五人编成一伍，互相监视和揭发，一人有罪，五人都要受罚，哪怕是最亲密的夫妻或朋友，也不能包庇。据说有次在渭水河畔，商鞅一次性就处置了七百多个犯法者，而其中的绝大多数是被株连的无辜百姓，滔滔的河水不到两个时辰就被鲜血染红。

商鞅用近乎残酷的手段推广新法。有一次太子犯法，但因为太子是一国之本，不能直接受罚，于是就惩罚了太子的两位老师，其中一个被割了鼻子，另一个的脸上被刺了字。连太子的面子都不给，如此一来，整个秦国都乖乖地听从商鞅，变法才得以顺利进行。

刚开始变法的时候，有一群人骂商鞅，可是变法实行了一段时间，秦国被治理得井井有条，发生了翻天覆地的变化。仅仅七年时间，秦国上下就出现了府库充盈的富庶景象。

> **知识链接**
>
> ### 荀子论秦
>
> 荀子有一次到秦国访问，当时秦昭王在位，宰相是范雎。范雎就问荀子："我们秦国怎么样？"荀子就说："你们官场的风气很正，没有人敢搞一些不正当的关系；你们的官府办事效率高，勤于政事；你们的老百姓很质朴，衣着打扮简朴，他们因害怕官员所以很顺从。"最后，荀子说："各方面都很好，就是有一点不足，那就是你们秦国无儒。"他认为秦国实行的是霸道，靠的是强有力的控制，国家才变得井井有条，批评的意思是很明显的。

因为变法有功，商鞅被封在商这个地方。成为商君之后，他难免有点志得意满了。商鞅在秦国十几年，秦国的宗室贵戚大多记恨他，只是因为秦孝公的支持，一时半会儿还拿他没有办法。

这个时候有个叫赵良的人来见他，商鞅问道："赵先生，我能跟你交个朋友吗？"赵良回答说："我很愿意，但是我不敢。"

这就话里有话了，商鞅追问原因。赵良就接着说："一个人，不是他的位子他去占，这叫贪位；不是他的名声他去占，这叫贪名。有这两贪就危险了，你的位子不对，名声也不对，所以我不敢和你交朋友。"商鞅问："难道你不满意我对秦国的治理吗？"赵良回答："我所谈的不是你的业绩，而是你的为人。自从你被封了商君之后，一出门前呼后拥，十几辆车陪着你，车上的人都全副武装，而且你还称孤道寡。你封君、封侯了，说话就'孤怎么着怎么着，寡人怎么着怎么着'，如此骄傲自负的样子，太招摇了。我劝你现在赶紧把权力交出去，请君主另请高明。这样做，说不定将来还能落一个好下场。"

可是，这个时候的商鞅根本听不进去，仍旧沉溺在自己的功绩里无法自拔。没过多长时间，秦孝公去世，商鞅依靠的大树倒了。继位的是秦惠王，也就是老师被罚的那位太子。

穷途末路作法自毙

惠王上台后不久，之前受过处罚的老师就告发商鞅，说他犯了大逆不道的谋反罪。惠王一丁点也没有犹豫，马上就发兵缉拿。商鞅百口莫辩，只有逃亡。

在一个月黑风高的夜晚，商鞅逃到了函谷关，关守尚不知道咸阳城里发生的变故，落魄的商鞅怎么也不会想到自己有一天会找店住。当初变法的时候，商鞅为秦国立下了一条规矩：凡是客店必须严格登记、严格检查，必须申报后才能留客住宿，若是谁

家收留陌生人而没有向上级汇报，一经查实那就是抄家杀头之罪。现在商鞅要晚上住店，没有店主敢收留他。商鞅不禁大为感慨："法条竟然可以害人到如此地步啊！"

商鞅想外逃，没处去；想隐藏在秦国的某个角落，法律不容。没办法，最后只好回到自己的封地去。商鞅知道自己死路一条，一不做二不休，干脆组织起自己封地的武装，跟国君拼个鱼死网破。

穷途末路的商鞅拿鸡蛋往石头上砸，其结果可想而知，马上就被抓住了。秦惠王将商鞅的四肢和头分别拴在几辆马车上，然后将马朝五个方向往外拽，商鞅的身体被撕裂了。这就是五马分尸，是当时秦惠王能想到的最残酷的刑罚。

虽然商鞅的下场十分悲惨，但是他所制定的法令和制度被沿用了下来。商鞅凭一己之力，打造出一个雄心勃勃、强大富饶的秦国，奠定了秦国一统天下的基础。

< 智慧点津 >

　　商鞅变法其实是一种极端的激进式改革，虽然他把秦国打造成了一部强大的战争机器，成全了秦国大一统的野心，但是给自己招来了杀身之祸。对商鞅这个人，历来有两种完全相反的评价，可谓见仁见智。纵观战国时期的历史，无论是雄霸一方的雄主，还是出将入相的豪杰之士比比皆是，然而像商鞅这样受到后人两种极端评价的人并不多见。

　　商鞅身上具备战国时期非常典型的一种人格，那就是有强烈的权力理想主义色彩，强调用政治法条和刑法就可以使天下的罪恶与不公断绝。这在逻辑上行得通，但是社会生活是复杂的，理想与现实之间往往千差万别。商鞅没有看到这一点，一味地追求严苛的法度，不仅直接导致了自身的悲剧下场，也为后来秦统一后迅速灭亡埋下了伏笔。

赵武灵王

——被活活饿死的太上皇

历史上，赵武灵王是个响当当的名字，他与一次重要的军事改革联系在一起，那就是"胡服骑射"。这次改革不仅具有军事上的意义，更重要的是对文化和传统习俗造成了巨大的冲击。改革使赵国一跃成为重要的军事强国，灭中山、驱胡貉，斥地千里。而就是这样一位力图振兴赵国的君主，最后却被活活饿死，实在是令人唏嘘不已。

胡服骑射雄心大

战国中后期，赵国的实力越来越衰弱，在与齐国、秦国、魏国等国的战事中屡次战败，损兵折将，不得不忍辱割地，就连周边的小国都不断向赵国发兵，进行掠夺，赵国却无力还击。

公元前325年，赵武灵王即位。即位之初，他的父亲赵肃侯刚

刚去世，魏国、楚国、秦国、燕国、齐国以吊唁为名，组织了上万人的联军想趁机占领赵国。十五岁的赵武灵王在肥义等人的帮助下从容应对，终于使五国退兵，使赵国免于灭国。年轻的赵武灵王胸怀大志，痛定思痛，决定奋发图强，改变被动挨打的局面。

赵国地处北方，东接东胡，北邻匈奴，西边与林胡、楼烦接壤。这些部落都是以游牧为生，非常擅长骑马射箭，经常以骑兵进犯赵国边境。在频繁地与这些游牧民族接触的过程中，赵武灵王深刻意识到骑兵的优越性。他对部下说："这些游牧民族的骑兵来去如飞，反应快速灵敏，这样的军队驰骋疆场，怎么会不打胜仗？"

经过长期观察总结，赵武灵王发现，胡人的士卒穿着窄袖短袄和裤子，不管是在平时的生活起居中，还是作战时骑在战马上都比较灵活方便，而赵国军队的军服类似于平民的服饰，不太适合作战，因此在与胡人骑兵的交战中往往处于劣势。而且赵军以步兵和车兵为主，而胡人作战时用骑兵、弓箭，比兵车、长矛更具有灵活机动性。

赵武灵王认识到，赵国在战事中败绩连连，不是因为赵国军队衰落，而是当时赵国的军装不适合骑兵，作战形式也比较落后。中原传统的步兵和战车配合作战的方式，已经不适应当时的需要。因为战车笨重，只有在较为平坦的地方作战才能发挥效力，如果遇到复杂的地形，运用起来就会非常不方便，并且赵国以步兵为主，又怎会是迅猛如飞的骑兵的对手？为了增强赵国的军事实力，赵武灵王决定学习这些游牧民族的长处，在自己的国家里搞一次改革。

有一天，他对臣子楼缓说："咱们北部有燕国，东边有东胡，西边有秦国、韩国，中间还夹着一个中山国。我们如果不发愤图强，随时都会有灭国的危险。我想改革一下我们国家的风俗，改穿胡人的衣服。"楼缓是他的亲信大臣，为人也聪明能干，在听到赵武灵王的想法之后，立即表示同意并说道："服装要改，这打仗的方法是不是也得改改？"赵武灵王说："对啊！我改服装就是要学习胡人的骑马射箭。"

消息传出去之后，遭到许多保守大臣的反对。赵武灵王又找来肥义商量："我的想法你是知道的，可大家都反对，你说怎么办？"

肥义鼓励地说道："做事不能迟疑，首鼠两端必然一事无成。我听说舜曾经向有苗氏学习过舞步，大禹治水经过裸国，也随之光着膀子，所以改变服装并不是不可行，只要利国利民，就应该果断去做！"

肥义的一席话让赵武灵王更加坚定，发誓道："我决心要改变国人的穿着，教人民骑射，世人若真想笑话我就去笑吧，我一定要拿下胡地和中山国！"

要改变人们的想法还是很难的，毕竟这是老祖宗留下来的穿着样式，要想改变，恐怕人们还不能接受，更何况是学胡人的服饰。赵武灵王也知道这样做很不容易，就派人告诉朝中最有威望的大臣，也就是他的叔父公子成，说自己要穿胡服。

公子成听后大为震惊，执意反对："如果这样做就会被中原

各国视为蛮夷之邦，想要与这些国家搞外交就更不容易了，我不能同意这件事！"赵武灵王知道后，就亲自去拜访公子成并对他说道："我这样做是为了国家发展强大，并且可以对付胡人和中山国，希望叔父不要因为顺从风俗而忘了先人的耻辱。我们要报仇，这样的改变对我们有莫大的帮助啊！我们要看到别人的优点，学过来为己所用。"

公子成听后觉得很有道理，便同意了。

第二天上朝的时候，赵武灵王就穿上了胡人的衣服，大臣们一见都吓了一跳。赵武灵王把自己的计划和大家说了，可那些大臣觉得泱泱大国向边地的胡人学习是件丢脸的事，但是碍于君王的权威，也就跟着穿起了胡服。不久，赵武灵王就下令让全国人民都穿胡服。

在实施的过程中，还是遇到了一些波折。一些地方官员不赞同改穿胡服，认为赵武灵王不适合当国君，可是这些地方官怎能撼动君主的地位！在赵武灵王的说服和刑罚下，这些地方官员也只好乖乖地穿上胡服，胡服骑射很快在全国蔓延。

在赵武灵王亲自教习下，赵国的战斗力大大增加，国力逐渐增强，不久后就打跑了胡人，灭掉了中山国。

可是赵武灵王最后的结局，还得从一个梦说起。

壮年让位称"主父"

话说有一天，赵武灵王做了一个梦，梦见一位年轻貌美的女孩，一边弹琴一边唱歌。那歌词唱道："美人荧荧兮，颜若苕之荣。

命乎命乎，曾无我嬴！"意思就是，我是多么漂亮的美人，像盛开的紫云英的花朵，没有意中人来欣赏，我的命是多么不妥啊！赵武灵王被深深地迷住了。

第二天，他回想起这个梦，还多次向身边的臣子们讲起。这时，有个叫吴广的人听说了这件事，他家正好有一位漂亮的女儿还没有出嫁，于是就通过武灵王的夫人，将他的女儿献给了赵武灵王。这个女孩名叫孟姚，由于父亲姓吴，又被称为吴娃。

赵武灵王一见如故，觉得这正是他梦中的那个美人，特别宠爱，很快吴娃就生下公子何。赵武灵王喜欢吴娃，一连几年都不出宫门。在这之前，武灵王的夫人早就给他生下了太子章，但武灵王因为宠爱吴娃，所以就对公子何更加疼爱。

几年之后，吴娃不幸去世了，武灵王决定不辜负对她的爱情，改立公子何为太子，将来接替王位。

赵武灵王一意孤行，两年后，也就是公元前299年，他采取了继胡服骑射后又一个大胆的举动——立公子何为王，这个也就是后来廉颇与蔺相如"将相和"时的赵惠文王。而武灵王自己则称"主父"，类似于后来历史中出现的太上皇。

知识链接

太上皇

赵武灵王让位给儿子这件事，虽然后人很少提起，但具有开创性，在中国政治史上具有一定的意义。顾炎武曾说"这是内禅之始"，打破了父死子继的传统，开创了最高权力交接的一种新形式。这可以说是后来出现的太上皇的雏形。

秦始皇统一中国后，曾追尊其父庄襄王为太上皇，但这不过是有"太上皇"称号的开始。在中国历史上，第一位真正做了太上皇的是汉高祖刘邦的父亲刘太公。

后来的太上皇不一定都是儿子做皇帝之后尊奉的，有的是主动传位给太子，有的是在形势的逼迫下不得不给儿子让位。比如唐高祖李渊、宋徽宗赵佶及清高宗乾隆帝都曾做过太上皇，但是他们的境遇很不一样。有的仍牢握权柄，掌握朝政；有的颐养天年，优哉游哉；有的则被软禁起来，与囚徒无异。

为了巩固爱子的地位，赵武灵王对文臣武将做了一番精心的调整，然后将朝政全部交给了新王。这时的赵惠文王实际上只有十二岁，所以主要是大臣在辅政。而赵武灵王本人则带了一帮人，去继续他斥地千里的事业。

其实中原各国都知道，赵国之所以迅速发展都是赵武灵王的功劳，谁也没有将新的赵王放在眼里。秦国在经过商鞅变法后迅速崛起，对楚国和魏国"大棒加萝卜"软硬兼施，拉拢打压，令这两个国家不得不服。赵国怕下一个目标就是自己，所以将秦国当成了潜在的敌人。

赵武灵王派了一些人到国外，其中楼缓就被派到秦国当了间谍，这个间谍的职位非常高，就是一人之下万人之上的国相。赵

武灵王为了查清秦国的实力，化装成楼缓的仆人，混进秦国的都城咸阳。此时正是秦昭王当政，世人都知道秦人不讲信用，楼缓就劝赵武灵王尽快离开秦国，可是被武灵王拒绝了。

赵武灵王查看了一番秦国的民情风俗以及路过的关卡守军，楼缓却总是劝他尽快离开秦国，可是他在临走前想亲眼见一见秦昭王和宣太后。楼缓无奈，也不知道武灵王到底是要搞什么鬼，只好带他来到宫中。

赵武灵王即便在国内也很少抛头露面，只有军中之人对他比较熟悉，除了少年时与韩魏两国的国君见过面之外，赵武灵王几乎没怎么和外国人打过交道。此次赵武灵王要见秦昭王和宣太后也不是一时兴起，他想亲自了解一下这对母子的为人，以利于日后对秦国作战时作出良好的决策。楼缓与宣太后和秦昭王比较熟识，赵武灵王希望通过私人会面可以更多地了解这对母子。

在秦昭王和宣太后接见楼缓的宴会上，他们发现向来以风采自傲的楼缓对他身后的随从颇有屈顺之意，便觉得十分好奇。俩人在与这个气度非凡的中年男子的问答中，发现这个人的胸怀和见识更是了不起。母子二人在钦佩之余，也产生了极大的怀疑。楼缓一看事情不好，心想还是快走吧，于是借口告辞，赵武灵王也感觉到宣太后和秦昭王对自己有所察觉，便匆匆辞别楼缓，返回赵国。临别前，赵武灵王告诫楼缓，母子二人皆为人中龙凤，务必要小心应对。

宣太后与秦昭王觉得楼缓的随从绝非等闲之辈，必是赵国的

极贵之人来窥探秦情，于是速派使者请楼缓和这个非凡的随从晚间再到王宫做客。使者回报，楼缓没意见，准备赴宴。晚间，楼缓准时赴约，但是之前那个随从不见了。楼缓说这个随从自知失礼，已被遣回赵国。这更加坚定了母子二人的判断，认定这个人就是赵武灵王，于是速派精骑追逐。精骑一路狂奔，追到边塞也没有见到赵武灵王。

到此为止，还能看到一个伟大父亲的影子，他的美好设想现在看来也并不脱离现实：儿主内，有人辅佐；他主外，用他的特长继续对外用兵。如果一旦实现，那么历史将同时照亮这对父子。可是接下来的事情证明，设想终究只是设想而已。

武灵王遗恨沙丘

三年后，群臣朝见赵惠文王。主父在一旁观看，看见公子章作为兄长而对赵何称臣，心中顿生怜悯，想把国家一分为二，让赵章做代王。这种父爱的自责和泛滥不仅没能起到很好的作用，反而为后来的政治动荡埋下伏笔。

为了弥补内心对大儿子的愧疚，赵武灵王经常与公子章居住在一起，衣食住行均准备两份，公子章的仪仗用度与赵惠文王几乎一样。赵武灵王这样做，赵何虽然有些担忧，但不便明言。肥义也觉得此事不妥，但他了解赵武灵王的心情，心想公子章被无辜废掉太子之位，失去为王的机会，赵武灵王对他厚爱也算是一种弥补吧，便也不再计较。

朝中的大臣们见公子章又受到赵武灵王的厚爱，以为他有什么新的打算，便暗中与公子章来往。公子章本来对权力并不陌生，见朝中大臣又都向自己示好，胸中的抱负和理想止不住向外涌，想要夺回本属于自己的王位。

终于有一天机会来了，主父和赵惠文王出游沙丘，分宫居住，公子章假借主父的名义召见惠文王，不料却被肥义看穿。肥义说道："大王，还是让我先去吧，如果没有事情，你再去也不迟！"赵惠文王一想也是，这要是别人的阴谋，自己岂不是白死了，就答应了肥义的建议。肥义到了公子章那里，很快就被杀害。

赵惠文王得知此事后，立即派人捉拿公子章。公子成和李兑都从国都赶来平定内乱，击败了公子章的武装。公子章跑到主父赵武灵王的宫中，主父打开大门接纳了他。这个时候赵武灵王内心的煎熬程度可想而知，这个大儿子要杀他的弟弟，失败后又到这里寻求避难，他已经分不清恨谁爱谁，只能任凭宫外凶猛的围攻。公子成和李兑包围了主父的宫殿，最终还是冲进去杀死了公子章。

李兑对公子成说："因为追杀赵章的缘故，我们围困了主父的行宫，这是极大的冒犯，如果我们现在就退兵，以后我们这些人都会被灭族。"为了避免日后被追究，他们两人就继续带兵围困行宫，还命令行宫中的人都离开。

行宫中的人都逃跑了，只剩下主父赵武灵王一个人在里面，欲出不得，饿得在行宫里到处掏麻雀来充饥。三个月后，连麻雀

也没有了，主父被活活饿死在沙丘行宫里。

< 智慧点津 >

赵武灵王的悲剧结局让人感慨，一个能驾驭"胡服骑射"这场重大改革的国君，最后竟因为摆不平两个儿子之间的王位之争而被活活饿死。治国要讲原则，讲策略，遇到大是大非的问题时要理性判断，不可感情用事。可是在处理感情问题时，赵武灵王接连犯了两次错误。第一次是废太子章，这属于废长立幼，本不合礼法，他是因为过不了女人关（宠爱吴娃）而立赵何为太子的。第二次是两个儿子为王位发生矛盾时，他又不能果断地站在赵惠文王一边，因为他过不了父子感情这一关。换言之，为了国家稳定，他应该坚定地支持赵惠文王，可是作为一个父亲，他又放不下对长子章的怜爱之情。可惜关键时刻，父亲的舐犊之情竟然战胜了治国理性，悲剧就此产生。

邹忌相齐

——一个美男子的治国之道

邹忌是战国时期齐国有名的美男子，更是一代谋臣。他以鼓琴劝说齐威王以国事为重，被任为相国；又劝说齐威王奖励群臣吏民进谏，主张革新政治，修订法律，并选荐得力大臣坚守四境，使齐国国力渐强。邹忌有才华、有能力，是齐威王的得力助手，可是后来随着孙膑、田忌的威望提高，邹忌担心自己的相位不稳，出于私利而将田忌置于死地，是其人生中的一大污点。

邹忌鼓琴谏齐王

战国时期，邹忌是齐国的一枚帅哥，除了帅他也很有思想，本来可以靠脸吃饭，却偏偏要靠才华。往往有想法的人，在乎的东西就会特别一点。外表对邹忌来说已经不能满足他了，于是他努力把自己有内涵的一面展现给大家。

公元前356年，齐桓公死后，他的儿子齐威王即位。齐威王得意忘形，每天吃喝玩乐，狂纵无度。他尤其迷恋弹琴，经常独自在后宫抚琴自娱，不理朝政。一晃九年过去了，国家日益衰败。周边国家看到齐威王如此荒唐，接连起兵进犯，齐国连吃败仗，边防线上警报不断，但威王仗着国大业大，根本不理会。

齐国的文武大臣们看到齐国江河日下，一天不如一天，纷纷上书劝谏，可是齐威王就是听不进去，依然我行我素，反而认为那些劝谏的人扫了自己的雅兴，索性下令不准进谏的人入宫，违令者斩。大臣们担心国家的安危，心急如焚，可是又没有办法，眼见着齐国的形势越来越糟。

一天，有个名叫邹忌的齐国人，自称是高明的琴师，走进王宫，对侍臣说："听说大王爱弹琴，我特地前来拜见，为大王抚琴。"侍臣禀报齐威王，齐威王一听很是高兴，立即召见邹忌。

邹忌走进内宫聆听齐威王弹琴。听完后，他连声称赞道："好琴艺啊！好琴艺……"齐威王不等邹忌称赞声落音，连忙问道："我的琴艺好在哪里？"

邹忌躬身一拜道："我听大王从那大弦弹出来的声音十分庄重，就像一位明君的形象；我听大王从那小弦弹出来的声音是那么清晰明朗，就像一位贤相的形象；大王运用的指法十分精湛纯熟，弹出来的音符个个十分和谐动听，该深沉的深沉，该舒展的舒展，既灵活多变，又互相协调，就像一个国家明智的政令一样。听到这悦耳的琴声，怎么不令我叫好呢！"

齐威王听了邹忌的这番赞美之词，心里十分高兴，说："先生，你的乐理说到了我的心坎里，但是光知道弹琴的道理还不够，必须深知琴音才行，请先生试弹一曲吧。"齐威王说着，便吩咐左右摆上桌子，将琴安放好。

邹忌坐在琴前，熟练地调弦定音之后，两手轻轻舞动，只摆出弹琴的架势，却没有真的去弹。齐威王见邹忌这般，恼怒地指责道："你为何只摆空架子不去真弹琴呢？难道你欺君不成？"

邹忌答道："臣以弹琴为业，当然要悉心研究弹琴的技法。大王以治理国家为要务，怎么可以不好好地研究治国的大计呢？这就和我抚琴不弹，摆空架子一样。抚琴不弹，就没有办法使您心情舒畅；您有国家不治理，也没有办法使百姓心满意足。这个道理大王要三思啊！"齐威王若有所思地点了点头。

邹忌接着说："弹琴跟治理国家一样，必须专心致志，七弦配合协调，才能弹奏出美妙的乐曲。这正如君臣各尽其责，才能国富民强、政通人和。弹琴和治国的道理一样啊！"

齐威王一怔，这才意识到邹忌的来意不同寻常，连忙问道："莫非先生另有高见？"邹忌俯身再拜道："岂敢！我只知道琴声也是心声，琴不弹则不鸣，国不治则不强。"齐威王有些惭愧，说："先生说得对！你以琴谏寡人，使我耳目一新。但是九年时间，已经是积重难返，我该怎么做才好呢？"

邹忌回答道："这个嘛，说难也不难，大王您应该像自己每天弹琴那样勤于政事，当务之急是把国家大事先管起来。"

齐威王说道:"这个我能做到。可是,该从哪些方面着手呢?"

邹忌指着五根琴弦说:"大王可以从选贤任能、兴利除弊、不近声色、整顿军马、关心百姓这五个方面协调着手,何愁齐国这架大琴奏不出美妙的乐曲呢!"

齐威王终于听明白了,原来这位自称"琴师"的邹忌其实是个具有治国平天下之才的能人,于是齐威王拜邹忌为相国,开始励精图治。

查奸吏一心相齐

邹忌由乐师一下子升任为国相,这在齐国引起了不小的轰动。淳于髡听到这个消息就坐不住了,急急忙忙跑过去,想见识一下这位新上任的国相。淳于髡对自己的口才相当自信,因此非常轻视邹忌,觉得邹忌肯定比不上自己,就想和他辩论,以此给他一个下马威。对于淳于髡的挑衅,邹忌表现得很淡定。

淳于髡问:"给白狐狸毛皮做的衣服补上坏羊皮,会怎么样?"邹忌说:"噢,请不要把贤能之士与不肖之徒相混杂。"淳于髡又问:"对内刚强,而对外圆滑,怎么做到?"邹忌说:"对内谨慎,而不给外人机会。"淳于髡说:"三个人共同养一只羊,羊没有吃饱,人也不能歇息,怎么办?"邹忌说:"减少税吏,减少官员,这样才能不给民困扰。"淳于髡问了三个问题,邹忌都对答如流,无可挑剔。淳于髡感叹邹忌的才华,认为他有能力担任国相。

邹忌当上了国相，就想弄清楚各地官吏的业绩。朝廷里的很多大官回答他说："中等的太多了，不知道从哪儿说起。我们只知道太守里最好的是阿城大夫，最坏的要数即墨大夫了。"邹忌就照样地告诉了齐威王。齐威王问起身边的随从，他们的回答也是如此。

齐威王怕受蒙蔽，暗地里派人到阿城和即墨进行实地调查。调查结果出来后，齐威王把众位官员召到跟前。众人只见大殿上放着一口大锅，烧着满满一锅开水，都替即墨大夫捏着一把汗。

齐威王对即墨大夫说："自从你到了即墨，天天有人告发你，说你怎么怎么不好。我就派人上即墨去调查，他们到了那边，就瞧见地里长着绿油油的庄稼，老百姓安居乐业。这都是你治理即墨的功劳，你专心一意办事，不跟这儿的大官们联络，也不送礼给这儿的人，他们就天天说你坏话。像你这样的大夫，咱们齐国能找得出几个啊？今天我特意叫你来，就是加封你一万户的俸禄！"这一席话，听得那些说即墨大夫坏话的人后背直冒凉气。

齐威王又回头对阿城大夫说："自从你到了阿城，天天有人夸奖你，说你怎么怎么能干。我就派人到阿城去调查。他们到了那边，就瞧见庄稼地里长满了野草，老百姓面黄肌瘦，连话都不敢说，只能暗地里叹气。这都是你治理阿城的罪恶！你接连不断地给我手下的人送礼，叫他们替你说好话。像你这样的大夫，要是再不惩办，国家还成体统吗？来人，把他扔到大锅里去！"武士们就把阿城大夫抬起来，扔到大锅里煮了，这下可把那些受过阿城大夫好处的人吓得一个个都站不住了。

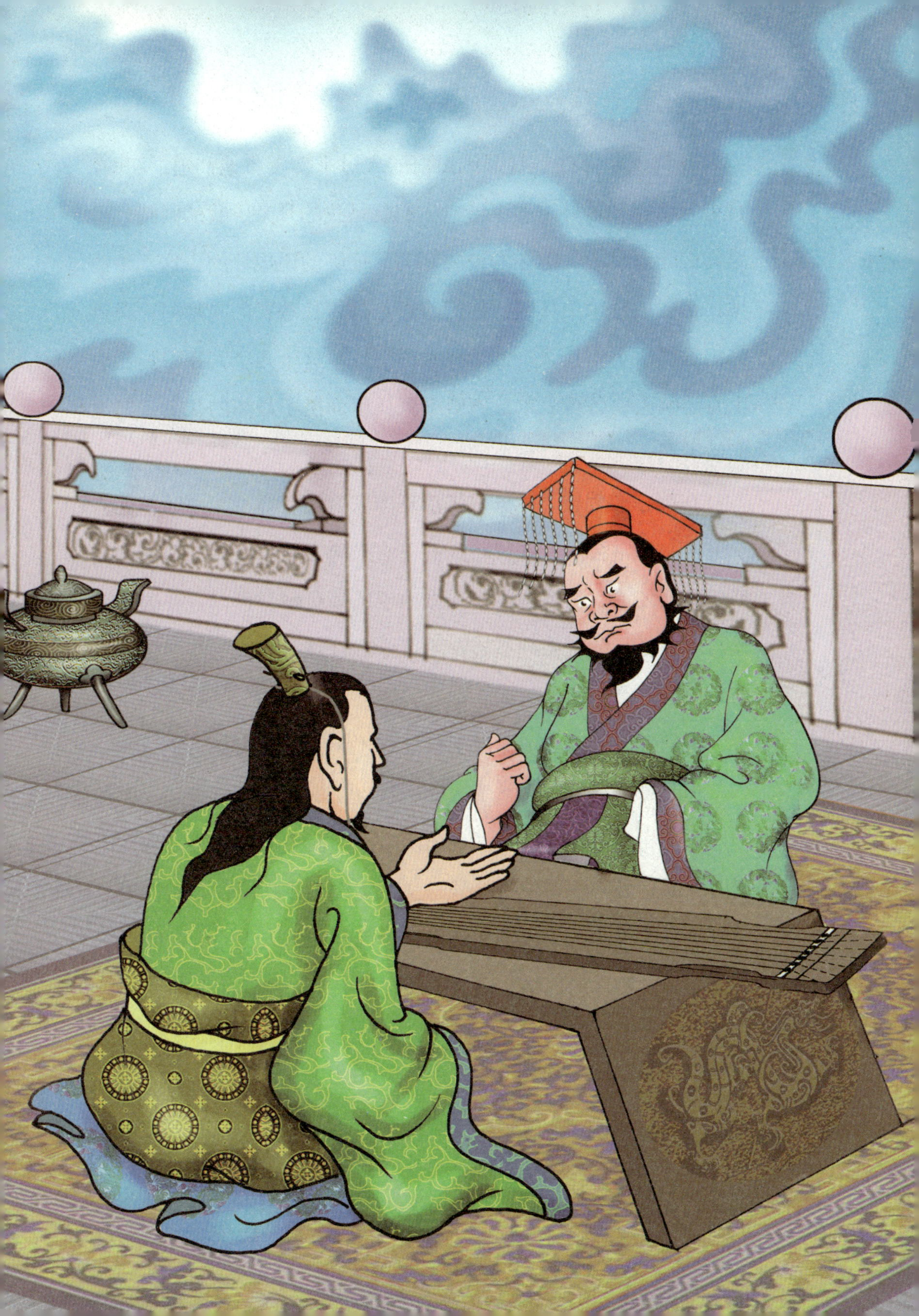

齐威王叫那些平日颠倒黑白的人过来，责备他们道："我在宫中怎么能知道外边的事情？你们就是我的耳朵、我的眼睛，可是你们昧着良心，把坏的说成好的，把好的说成坏的，这不是比堵住了我的耳朵更坏吗？你们简直是打算扎瞎我的眼睛啊！我要你们这些臣下干什么？都给我煮了吧！"这十几个人吓得跪在地上直磕响头，苦苦哀求。齐威王就从里面挑了最坏的几个，把他们治了罪。

在邹忌的辅佐下，齐威王治理国家有模有样了。而邹忌也善于进言，经常会用一些很巧妙的方法来向齐威王说理。邹忌为齐威王出谋划策，为齐国的富强做出了诸多贡献，可以说齐国的强盛与邹忌推行的一系列措施密不可分，百姓对齐威王的期望值也与日俱增。邹忌聪慧过人，他让齐威王广开言路，革新政治，又善于辨别人才，为齐国输送了一批有才干的文臣武将。

但是邹忌还有一个鲜为人知的特点，那就是心狠手辣，他在顾虑自己相位不保时，也展现出阴险的一面。当田忌势力与日俱增时，邹忌处心积虑地排挤他，又在屡次不成功后，竟然也用了栽赃陷害这种小人手段。俗话说：金无足赤，人无完人。邹忌不达目的誓不罢休的性格，向我们展现了一个人鲜活的全部。

知识链接

城北徐公

城北徐公这个人历史上无法考据，他仅仅是出现在了那篇著名的文言文《邹忌讽齐王纳谏》中。按照该文中所说，邹忌是个美男子，身材修长、容貌俊美，徐公也是当时的美男子。有一天，邹忌问妻子："我和城北的徐公比，谁更漂亮？"他的妻子回答："您非常美，徐公怎能比得上您呢？"邹忌听了很高兴，但又将信将疑，于是他又问自己的妾："我和徐公相比，谁更美呢？"他的妾说："徐公哪里比得上您呢？"过了一天，有客人来访，邹忌与客人闲坐聊天，问道："我和徐公比，谁更美呢？"客人回答："徐公不如您漂亮。"又过了一天，徐公来拜访。邹忌端详他，自愧不如。后来，人们就把"城北徐公"当成了美男子的代名词。

邹忌相齐

< 智慧点津 >

　　作为大臣，邹忌斗胆向齐威王讲明自己的主张，性情直爽，但他很懂得交流的技巧。一个人，如果提意见时能够根据对象讲究方式方法，就会出现意想不到的良好效果。

　　历史上曾经有不少人因为进谏而被贬、被发配、被降职、被革职，甚至付出了被诛灭九族的代价。但是邹忌就十分幸运，关键在于他运用了巧妙的方法——暗喻。他直率但不直接，没有火药味儿，而是委婉、妥帖、自然。他从抚琴、个人家庭小事等入手，由浅入深，由小到大，由己及君，再到国家大事，情理兼备。所以齐威王高兴地回答道："善！"这样的结局是我们所盼望的，也是邹忌所追求的。

宜阳之战

——登上崤山俯瞰六国

延续八百年之久的周王朝最终为秦所灭。秦国远在西部蛮荒之地，怎么能灭掉定鼎洛阳的东周王朝呢？其实这是秦国强盛、周王室衰弱的必然结果，但更为关键的在于秦国"决胜宜阳"的东进战略。宜阳是战国时韩国的大县，又为周室的西部屏障，攻下宜阳，不仅灭周如取囊中物，秦东进中原的大门也就此打开。

武王甘茂盟誓言

公元前311年，秦惠文王去世后，秦武王即位。秦武王二年（公元前309年），秦国首次设置丞相，作为君王的助手。樗里疾为右丞相，甘茂为左丞相。

知识链接

樗里疾荐甘茂

樗里疾是秦惠文王的异母弟。樗是树名，因为他生活的地方有一棵大樗树，所以叫樗里，疾是他的名字。樗里疾足智多谋，人称"智囊"，他为秦国立下不少战功。甘茂，学百家之术，张仪和樗里疾把他推荐给秦惠文王，用为将，协助魏章攻楚。秦武王元年，蜀地造反，甘茂带兵平定蜀乱，回来之后被任命为左丞相。

秦武王三年（公元前308年），秦王、韩王相会，刚好韩国国相去世，于是樗里疾就到韩国做国相去了，暂时离开秦国一段时间。秦武王喜欢对外作战征伐，他对甘茂说："寡人想东通三川，以窥周室，就算我死了，这事业将会永垂不朽。"三川郡是韩国的地盘，再往东就是周王室的洛阳了。甘茂说："请派我去说服魏国一起伐韩，向寿可以作为我的助手。"甘茂到了魏国，对向寿说："你回去跟大王说魏国已经同意出兵，但请大王暂时不要出兵伐韩。事成之后，功劳都归你。"向寿回来后，给秦武王做了汇报。秦武王出兵心切，亲自在咸阳东郊的息壤等甘茂。

甘茂回来后，秦武王问他为何不能马上出兵，甘茂回答说："宜阳是一个大县，相当于一个郡，韩国在此重点设防。大王冒着崤山通道的各种危险，兵行千里攻宜阳，困难很多。我听说张仪西并巴蜀之地，北取西河之外（魏国上郡），南取上庸（楚汉中郡），天下不认为这是张仪能干的结果，而认为这是先王贤明。魏文侯派乐羊攻中山国，三年才打下来，乐羊回来论功，魏文侯拿出一竹筐的谤书给他看。乐羊感激得跪拜磕头两次，说这不是臣的功劳，都是大王的功劳。我是外来之臣，樗里疾、公孙爽是秦国公子，他们现在亲近韩国，您一定会听他们的。您亲韩，就等于欺骗了魏王。当年孔子的弟子曾参在费这个地方，有一个跟他同名同姓的人，杀了人。有人对曾参的母亲说，'曾参杀人了'，曾参的母亲不相信，说'我儿不会杀人'，然后面不改色地继续纺织；不一会儿，又有人来说曾参杀人了，曾母依然纺织如故；当她听到第三个人说曾参杀人的消息后，终于害怕了，扔下纺锤，翻墙而走。曾参是贤君子，以曾母对他的了解，连续三个人都说他杀人时，曾母也不信任他。我不如曾参贤德，您也不像曾母信任曾参那样信任我，怀疑、诽谤我的又何止三个人呢？我也担心您到时候扔下纺锤啊！"秦武王听懂了他的意思，说："好，寡人决计不听那些谗言，我们在这里盟誓明志。"于是君臣二人在息壤盟誓。

赵累巧计保东周

宜阳在今河南宜阳西北、洛河北岸的韩城镇，当时为韩国所有。这里有一个秦王寨村，据说就是因为当年秦兵所筑营垒而得名。洛河从崤山和熊耳山之间流出，经过宜阳之后与伊水汇合，

再经过洛阳，最后汇入黄河。秦武王说的"东通三川"，意即打通黄河、洛河、伊水，使车马通行无阻，直入洛阳。宜阳依山带水，控扼崤函通道，东与中原相接。崤函险道长一百六十公里，秦国控制西段，韩国控制东段。宜阳正是东段上的军事重镇。所以秦武王要先夺宜阳，才能进攻周王室。宜阳内有崤山，是韩国的西陲保障。韩国在此屯兵十万，物资可支撑数年，并且城墙坚厚，不容易攻打，更何况秦军远道来攻，增加了风险。当然，秦国想要攻打宜阳，还要考虑到魏国和楚国的态度，而更大的风险则是甘茂所担心的君臣相疑。

甘茂的谋略现在已经很明白。他想帮秦武王实现心愿，又知道宜阳不易攻取，所以先去联络魏国。魏国若肯出兵，就多了一份力量；若不肯出兵，只要不帮韩国，就等于是帮了秦国。甘茂联络魏国的目的是稳住魏国，与秦武王盟誓则是为了稳住秦武王，消弭君臣之间的疑忌。

那年秋天，甘茂率兵攻打宜阳，五个月都没有攻下来。樗里疾、公孙奭果然在秦武王面前毁谤甘茂，秦武王动摇了，打算把甘茂召回来商量。甘茂回信说："息壤就在那里。"秦武王立刻醒悟过来，于是增加兵力，让甘茂继续攻城。楚国看到秦、韩两国相持，决定不再亲秦，而是出兵救韩。

当时的东周国君周赧王问大臣赵累："你怎么看这件事？"赵累说："宜阳肯定会被攻下来。"周赧王说："宜阳城八里见方，不是一个小城，还有十万守军，粮食能吃好几年，韩相公仲佣有二十万人马，楚将景翠也率众来救，秦兵肯定无功。"赵累说："甘茂不是秦国人，攻下宜阳才有功劳，攻不下来，就没脸在秦国混。秦王不听群臣、兄弟的意见，执意要伐韩，攻不下宜阳，秦王也丢脸。秦王与甘茂都把攻下宜阳作为赌注，所以我说宜阳肯定会被攻下来。"

周赧王说："你帮寡人想想，我该怎么办？"赵累回答："您可以去跟景翠说，他享有楚国最高的爵位，出任楚国地位最高的武将，胜利了也不能加官晋爵，不胜则死，不如等秦军攻下宜阳，他再进兵，秦军害怕他乘其弊，必将宝贝献给他，韩相公仲佣感激他救韩，也会献宝贝给他。这样东周国就可以保住了。"

看到楚国出兵救韩，秦武王也很担忧。甘茂说："楚国虽与韩国结盟，但不会为韩国卖命、先来与秦国相战；韩国则担心自己在前与秦国战，楚国在后头搞鬼。楚国说是与韩国结盟，实际上又不想得罪秦国，所以我判断他们会互相观望。"大臣冯章对秦王说："宜阳攻不下来，韩国、楚国乘机抗秦，国家就会有危险。不如把汉中郡还给楚国，楚国不出兵助韩，韩国就不能怎样了。"

秦武王同意了冯章的建议，就派他去结交楚国。楚国也派人支援甘茂，盘算着如何在秦国、韩国两边都能得利。后来，宜阳还是没有攻下来，秦军死伤无数，甘茂也有些灰心，想罢兵。这时楚国大臣左成对甘茂说："秦国内有樗里疾、公孙爽攻击你，

国外有韩相公仲佣憎恨你，现在无功而返，你将里外不是人。不如继续攻打宜阳，攻下来，你的功劳最大，樗里疾、公孙爽就没话说了，秦人反而会怨恨他们。"

于是甘茂下令继续攻城。但是擂鼓三次，竟然无人向前，秦军太疲惫了，甘茂也无可奈何。在这样的不利形势下，一员秦将说："您不讲兵法，必然遇到大的困难。"甘茂说："我以客卿的身份相秦，又以攻打宜阳来讨好秦王，现在攻不下宜阳，国内有樗里疾、公孙爽诽谤我，国外有韩相公仲佣憎恨我，我已没有立足之地了。明日再战，攻不下来，就把我葬在宜阳城下吧！"

第二天擂鼓再战时，秦军奋勇作战，终于攻下宜阳城，斩首六万。韩国派公仲佣入秦谢罪，两国讲和。楚将景翠果然在此时进兵，秦国怕连续作战打不过来，于是割让一城与楚国讲和，韩国也给景翠送去重宝。景翠既得到了秦国的土地，还收纳了韩国的重宝，因此十分感激东周国君。至此秦军已精疲力竭，一时不敢进兵，东周国暂时得以保全。

举宝鼎意外身亡

攻下宜阳后，秦武王一行来到洛阳，周赧王遣使到郊外迎接，礼节极其隆重。但是秦武王拒绝了周王的召见，他急于要见几样东西。是什么东西让他这么急不可耐呢？原来是象征王权的九鼎。秦武王早就让人打听清楚了，九鼎就放在周王室太庙的一侧，于是他马不停蹄地来到周太庙的所在地，走进侧室，果然见到九个

宝鼎一字排开，相当壮观。秦武王观览了一番，赞不绝口。

鼎的腹部分别刻有荆、梁、雍、豫、徐、扬、青、兖、冀等九个字。秦武王指着"雍"字鼎感叹道："这个雍鼎，说的就是我们秦国，我要把它带回咸阳！"于是转身问守鼎的官吏："此鼎可曾有人能举起来吗？"小吏叩首答道："自从有这个鼎以来，从来都未有人举得动它。听人说每个鼎都有千余斤之重，谁能举得起来啊？"武王转身问任鄙、孟贲："你们二人力大无穷，能举得动这个鼎吗？"任鄙不光是个勇士，而且还是个聪明人，他知道武王依仗自己的力气，喜欢争强好胜，于是推脱道："小人只可举动百余斤的东西，这个鼎太重了，小人实在无能为力。"但孟贲是个愣头青，四肢发达、头脑简单，只见他把袖子一卷，上前说道："小人来试试，若不能举动，大王也不能怪罪！"

知识链接

孟贲

孟贲是齐国人，凭借力大而闻名乡里。那么他的力气大到什么程度呢？传说他可以"水行不避蛟龙，陆行不避虎狼，发怒吐气，声响动天"。一次外出砍柴，他看见两头公牛正在打斗，二话没说，上前一手握住一只牛的犄角，愣是硬生生地把两头牛给分开了。其中一头牛见此人有偌大的力气，

当时就服软了,匍匐在地,而另外一头牛则有点桀骜不驯,两只犄角不住地晃动,大有要抵死孟贲的意思。孟贲当时就怒了,后果很严重,他用左手按住牛头,伸右手去拔犄角,瞬间犄角被拔出,牛血喷出丈余高,那头牛立即倒地而死。人们都害怕孟贲的蛮力,不敢与他发生争执。没过多久,孟贲听说秦武王正在招募天下的勇士,他认为自己终于有用武之地了,就前往秦国投奔了秦武王。后来,孟贲因为力大而得到重用。

只见孟贲将腰带束紧,用两只大手紧紧地抓住鼎耳,大喝一声:"起!"只见那"雍鼎"离开地面约有半尺,但很快又落回原地。由于用力过猛,孟贲眼珠迸出,鲜血直流。秦武王笑道:"爱卿果然力大,既然爱卿都能举起此鼎,难道我还不如你吗?"

这时,任鄙进谏道:"大王乃万乘之躯,不可轻易尝试啊!"秦武王笑而不听,当即解下锦袍玉带,束缚腰身。任鄙上前抓住他的衣袖再次劝谏,秦武王很是气恼:"你自己没本事,难道是嫉妒我?"任鄙顿时被说得哑口无言。

秦武王大步向前,心里说:"孟贲只能稍稍举起,我偏要举着它走动几步,那样才能显示出我的王威。"于是,秦武王猛吸一口气,使出天生神力,同样大喝一声:"起!"只见那鼎也离地半尺,刚要转身走几步,不觉体力已经耗尽,大鼎从手中落下,武王来不及收脚,大鼎已经重重地砸在他的右脚上,只听一声闷

响,将右脚胫骨压个粉碎。秦武王大叫一声:"疼啊!"顿时昏死在地,随从人员慌忙将他扶回住处。秦武王疼痛难忍,血流不止,挨到下半夜就一命呜呼了。

> **知识链接**
>
> ### 秦武王
>
> 秦武王是著名的君王,虽然在位时间只有短短的四年,但他的雄心壮志与远大抱负不逊于任何一代有作为的秦国君王,包括他的异母弟秦昭王,以及后辈秦始皇。但是,正处于事业上升期的他,由于一时的逞能与卖弄,最终葬送了自己的性命,险些改写秦国一统天下的历史。

秦白起再战宜阳

秦军攻占宜阳九年后,遭到齐国、魏国、韩国联军的大举进攻,双方展开了长达三年的持久战,最终迫使秦国让地求和。在这场战争中,韩国重新收复了军事重镇宜阳。

但局势很快又出现了转机,秦军攻打宜阳的另一场重要战役,于公元前296年打响了。那一年,秦昭王继位,派大将向寿率军东出潼关,进军宜阳。秦军首先占领了当时宜阳县的西部地区,以此为据点,伺机夺回被韩国恢复不久的宜阳重镇。

这次宜阳战役的对阵方是韩魏联军。为了策应中路突击,

攻占宜阳，秦军首先发起南北两翼攻势以牵制韩魏兵力，接着改由名将白起代替向寿为主帅，指挥宜阳战役。公元前293年，白起调集兵力佯攻新城（现在的河南洛阳西南），吸引韩魏联军主力前往救援，诱敌成功后，秦军主力迅速向敌人的后方迂回，切断了韩魏联军的退路。这时，韩军为解新城之围全速开进，而魏军迫于本土两面受敌的压力开始动摇意志，行军迟缓，还暗中向秦求和。

白起果断利用这一情势，首先咬住后面的魏军予以截击，并一路追杀将其残部逼入伊阙龙门，前来救援的韩军主力也被围困在伊阙山下的狭隘地区，双方展开了宜阳战役中最为惨烈的殊死决战。占尽地利的秦军士气倍增，在伊阙之战中以少胜多，全歼韩魏联军24万人。

接着，秦军挟全胜之威，回师攻占了宜阳重镇及附近五座城池，韩魏联军元气尽伤，自此一蹶不振。这场战争，再次打开了强秦入周问鼎、逐鹿中原的大门。

公元前249年，秦国灭掉了周朝的最后一个封国，宣告了周王朝的彻底终结。又过了28年（公元前221年），秦国尽灭六国，建立了天下一统的大秦帝国。显然，在秦国东进战略格局中，全面撼动周朝与六国生存根基的战争便是宜阳之战。

< 智慧点津 >

　　夺得宜阳，等于在秦国的东方前线增设了一个军事据点，更有利于秦军东进。秦武王在位四年，因为时间短，谋略上并无明显建树。甘茂在内外猜忌，魏国和楚国态度反复不定的情况下，综合运用各种手段稳住秦武王，联魏谋楚，虚心听取意见，果断鼓舞士气，在部队精疲力竭的形势下攻取宜阳，确实很不容易。秦国得此城，可以要挟周王室北攻燕赵、东伐魏齐、南伐宛楚，实施大规模兼并战争。秦国对宜阳城进行加固，使其成为秦向东扩张的桥头堡，从此以后，山东六国转入战略防守阶段，直至灭亡。从这个意义上说，宜阳之战是秦国统一六国的里程碑。

孙庞斗智

——老同学间的相恨相杀

孙膑和庞涓同为鬼谷子的学生，一起学习兵法，以兄弟相称。但是后来，善良的孙膑被天生贪婪的师弟庞涓害成了残疾人。孙膑通过装疯卖傻幸运地逃过一劫，到了齐国受到齐威王的重用，登上军师的宝座。他通过围魏救赵的桂陵之战和马陵之战，成功地碾压庞涓至死，终为自己报仇雪恨，名扬天下。

庞涓设计害孙膑

孙膑是战国中期齐国人，"兵圣"孙武的后人。他小时候孤苦伶仃，四岁丧母，九岁丧父，长大后拜鬼谷子为师，学习兵法。同孙膑一起学习兵法的还有一个师弟，名叫庞涓。

庞涓很聪明，学业也很好，可是他的天分没有孙膑高，因此总比孙膑略逊一筹。孙膑不但悟性很高，而且坦荡仁义。拜师学

艺期间，孙膑、庞涓两人感情很好，可是庞涓心胸狭窄、为人奸诈，而且他善于伪装，表面上对孙膑很好，其实非常嫉妒孙膑。孙膑心地善良，对庞涓以诚相待，一直把他当成好兄弟。

孙膑、庞涓跟随鬼谷子学艺几年之后，兵法、韬略大有长进。这时，魏惠王效仿秦孝公，用重金招纳贤士。庞涓本来就是魏国人，贪图名利，不愿在深山里继续受苦，因此虽然学业未完，仍决定下山谋求富贵。孙膑送他下山，临别时，庞涓向孙膑保证，日后若自己受到重用，一定会向魏王举荐他。孙膑很感动，两人就此告别。

庞涓到了魏国，想尽办法终于见到魏惠王。他倾尽所学，滔滔不绝地讲述了一番治国安邦、统兵打仗的策略，称自己可以使魏国兼并其他六国。魏惠王听后很是高兴，命他执掌魏国兵权。论才干庞涓虽然不及孙膑，但也确有本事的。他指挥魏军与周围的各小国开战，连连获胜，使宋国、鲁国、卫国、郑国等臣服于魏国。很快庞涓就被封为上将军，成了魏国举国闻名的大人物，魏惠王更是对他信任有加。

庞涓享受着春风得意的日子，同时心里一直有个隐忧，那就是孙膑。他深知说到用兵，自己的才能远不及孙膑，孙膑一旦出山，就会对自己的地位构成严重的威胁，于是秘密派人把孙膑找来。孙膑虽然得到老师的真传，学得精妙的兵法，但万万没有想到自己的师弟会对自己不利，因而高高兴兴地到了魏国。

庞涓热情地欢迎师兄的到来，接风洗尘之后，师兄弟俩一番畅谈。庞涓了解到孙膑果然高明，自己所学远远不及。为了自己

的功名利禄，庞涓便设下毒计，找了个莫须有的罪名挖掉了孙膑的两个膝盖，还在他脸上刺了字，把他囚禁起来，不让别人知道。

装疯卖傻出虎穴

不久，齐国的使臣来到魏国，孙膑知道脱离魏国的时机来了。他偷偷拜见了齐国使者，详细地向他讲述了自己的情况及在魏国的遭遇，请求使者把自己带回齐国。齐国使者听完孙膑的讲述很是同情，并在交谈中发现孙膑是个很有才华的奇人，便决定把他带回齐国去。

孙膑为了逃离庞涓的监视，便开始装疯卖傻。庞涓开始还有些怀疑，便下令把孙膑放到猪圈里。孙膑披头散发，在猪圈的泥水里摸爬滚打，弄得全身都是猪粪，还一会儿哭，一会儿笑。有人给他送来饭食，他将饭菜打翻，反而抓起猪粪放进自己的嘴里。这时，庞涓才有些相信孙膑是疯了，但他生性多疑，仍派人监视孙膑的一举一动。孙膑满身污秽地到处乱爬，不管是马棚还是猪圈，困了就睡在那里。过了些时日，庞涓相信孙膑是真的疯了，便渐渐放松了对他的监视。

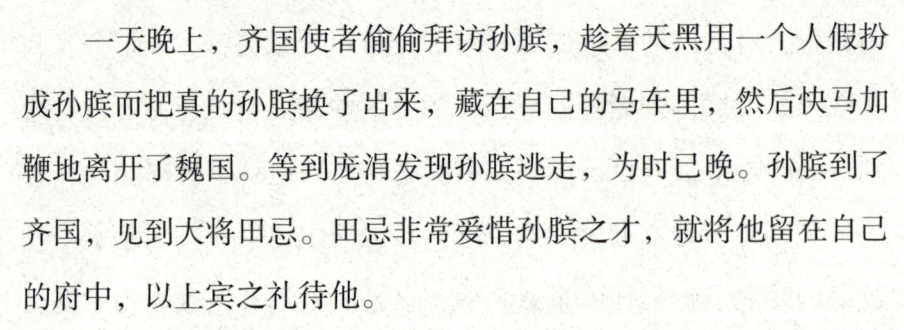

一天晚上，齐国使者偷偷拜访孙膑，趁着天黑用一个人假扮成孙膑而把真的孙膑换了出来，藏在自己的马车里，然后快马加鞭地离开了魏国。等到庞涓发现孙膑逃走，为时已晚。孙膑到了齐国，见到大将田忌。田忌非常爱惜孙膑之才，就将他留在自己的府中，以上宾之礼待他。

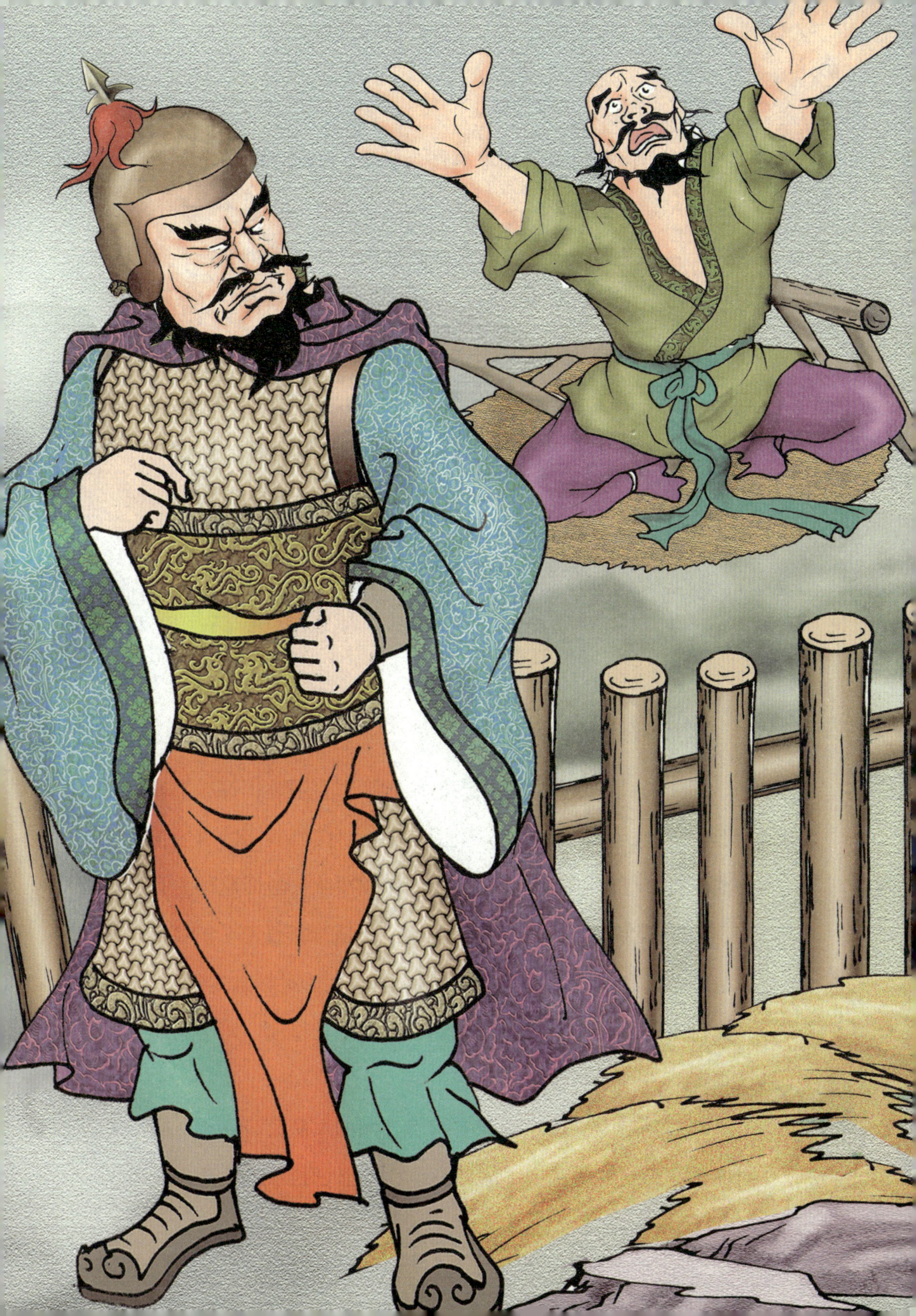

齐国君臣常以赛马赌输赢作为娱乐，比赛时将马分为上、中、下三等，分三场对等竞赛，赢的场数多为胜。田忌的马没有齐威王的马好，因此常常三场全输，非常丧气。一次孙膑观看了比赛，他给田忌出了主意——调整赛马出场的次序，用自己的上等马对齐王的中等马，用自己的中等马对齐王的下等马，用自己的下等马对齐王的上等马。比赛结束后，田忌以三局两胜赢得了比赛，这让齐威王非常惊讶，因为田忌之前很少能赛赢。这件事情虽然很小，却足以体现孙膑足智多谋，因此田忌非常钦佩，趁机向齐威王推荐他。齐威王接见了孙膑，发现他果然谈吐不凡，见解独到，的确是个奇才，便对孙膑以"先生"相称，对他非常尊敬。

围魏救赵显智谋

后来，魏国攻打赵国，庞涓统领大军直逼赵国都城邯郸。赵国形势危急，急忙派人向齐国请求支援。接到赵国的求救信后，齐威王打算任用孙膑为主将，让他带领军队去救援赵国。孙膑推辞说："我孙膑是一个受过酷刑的人，不适合担任部队的主将。"齐威王就任命田忌做主将，孙膑为军师。因为孙膑被挖掉了膝盖，不能行走，所以他只能坐在一辆有帐篷的车里面，暗中为田忌出谋划策。

一接到命令，田忌就想要带着齐国的军队直奔赵国。孙膑劝阻他说："想要解开乱成一团的丝线，不能生拉硬拽；想要劝解两个正在打架的人，不能也卷进去和他们打在一起。要扼住争斗者的要害，争斗者因形势限制，就不得不自行解开。现在魏国和赵国正在交战，那么魏国全部的精锐部队必然在赵国全力进攻，而留在魏国国内的，肯定只是一些老弱病残。将军您不如率领军队，马上向魏国都城进攻，占据魏国的交通要道，攻打魏国空虚的地方。到时候，魏国军队就只能放弃攻打赵国，撤回魏国，以求自保。这样的话，我们一下子就解了赵国被围困的危险，又可以轻松破敌。"

这个策略极其高明，田忌听了赞不绝口，马上传令下去，吩咐按照孙膑的计策办。齐国大军掉转方向，直捣魏国都城。果然不出所料，魏国告急，魏王立即派人让正在攻打赵国的庞涓领兵回援。为了解救国都的危机，魏军马不停蹄，日夜兼程。

田忌和孙膑探知魏军的行动，便选派精锐部队在桂陵设下埋伏。桂陵是魏军从赵国回到国都的必经之路。当人困马乏的魏军队到达桂陵的时候，正好钻进了孙膑设下的埋伏圈，几乎全军覆没，庞涓也成了孙膑的俘虏。

马陵之战斩庞涓

在桂陵之战后不久，魏惠王与赵成侯在邯郸城南的漳水会盟，魏以归还赵国邯郸而赎回了庞涓。被释放出来的庞涓一直想找机会与孙膑再比高低。经过几年休整后，庞涓觉得进攻其他国家、扩大魏国土地的好时机已到，于是就发兵攻打韩国。

韩国本来就没有魏国强大,加上庞涓确实有不弱的军事才能,韩军抵挡不住魏国的进攻,于是向齐国求救。但是在齐国,关于要不要出兵救韩国有着两种不同的意见。以相国邹忌为代表的一些人认为犯不着为了别国的事情派自己国家的士兵去冒险,而且如果帮助韩国的话,就得罪了魏国;以田忌为代表的一些人却认为应该去救,如果不救韩国的话,魏国就会越来越强大,到时候恐怕齐国再也不是魏国的对手了。大家各有各的道理,争论了半天,也没争出个结果来。

最后,大家都看着孙膑,看他的想法怎么样。孙膑想了想,对大家说:"如果我们不去救韩国的话,韩国肯定是抵抗不住魏国的,最后只能被魏国消灭,等魏国越来越强大,我们齐国就麻烦了;可要是我们马上就派兵去帮助韩国,一起抵抗魏国,那无异于我们直接和强大的魏国对抗,即便能打赢,也要受很大的损失,对我们还是非常不利。现在最好的办法,莫过于一方面派人通知韩国,说齐国决定帮助他们,希望他们能坚持到援兵的到来,另一方面我们先不要发兵,等韩国和魏国打得两败俱伤的时候再去,那样的话就能一举两得了。"大家听了孙膑的主意,纷纷表示赞同。

一切都按照孙膑的计划进行着。韩国得知齐国的答复后,面对魏国的进攻拼命抵抗,等待齐军的救援,而魏国久攻不下渐渐失去了耐心。等到时机差不多的时候,田忌和孙膑故技重演,派兵去攻打魏国都城大梁。庞涓听说齐国军队攻打大梁,没有办法,只好班师回国。由于韩国和魏国很近，庞涓的军队比齐国更快到达大梁，魏王命令太子魏申为元帅，庞涓为将军，前去迎击齐国军队。

在快到魏国的路上，孙膑对田忌说："大人，您知道，魏国的士兵非常英勇善战，而且一向瞧不起齐国，认为我们的士兵胆小怯战。善于打仗的人就应该把握住外在的条件，我们不如将计就计，每天减少做饭的锅灶，让魏国以为我们的士兵越来越少，从而放松警惕，最后我们就能出其不意，打败魏国了。"

田忌听从了孙膑的建议，让齐国军队进入魏国的第一天，建造了十万个做饭的锅灶，第二天就减少到五万个了，第三天就减少为三万个，让魏国人误以为齐国士兵已经逃亡了一大半。

庞涓率军出发三天，听说齐国士兵越来越少，到后来只剩下三万人，非常高兴，就对士兵们说："我本来就知道齐国的士兵非常胆小，但没想到，进入我们魏国还不到三天，竟然有一半以上的人逃亡了。现在正是我们进攻的好机会。"于是他丢下步兵，自己只带了一些精锐的骑兵不分日夜地追赶齐军。

孙膑对魏军的行程做了一个计算，预估这天晚上魏军应该到达马陵。马陵道路狭窄，而且四周有很多险要关口，可以设下伏兵。于是他命人在路旁的一棵大树上刮下一块树皮，在露出的白色树干上写了"庞涓死于此树之下"。接着他又选派军队中擅长射箭的士兵，埋伏在关口的两旁，命令他们一看见黑夜中魏军点火，就一齐朝着火把放箭。

果然如孙膑料想的那样。傍晚，庞涓带领自己的骑兵到达马陵，忽然看见路旁有棵被剥去树皮的大树，而且上面还有字，感到非常奇怪，就派人点燃火把，照亮去看。还没等他看完那些字，埋伏多时的齐国士兵纷纷朝着火把开弓放箭。魏国军队突然遭到袭击，顿时乱作一团。庞涓看见士兵们都四散逃窜，无法收拾，知道败局已定，就拔出了自己的长剑，长长地叹了一口气，说："没想到我庞涓成就了孙膑这个小子的名声！"然后无奈地自杀了。正在逃跑的魏国士兵，得知自己的主帅自杀，军心涣散，斗志瓦解，齐军乘胜追击，彻底击溃了魏军并俘虏了魏国太子魏申。

孙膑在马陵之战后，一举成名，可是他的好搭档田忌遭到猜忌，被迫流亡楚国。而孙膑在帮助齐国建功立业后，也同他的师父一样隐居山林，潜心研究军事理论，著有《孙膑兵法》，成为流传千古的军事名篇。

知识链接

邹忌与田忌之争

马陵之战后，魏国一蹶不振，从此陷入被动挨打的局面，而齐国则开始称雄于诸侯，大将田忌在齐国受到敬仰。这时，有个人出现了，那就是成侯邹忌，他曾经巧妙地劝说齐王纳谏，被任命为国相。但是他也有十分龌龊的一面，由于非常嫉妒

田忌的赫赫战功，便想出一个绝妙的主意。他派人拿着十金，去集市上算卦，问道："我是田忌手下的人，田将军率军三战三胜，现在到了举行登位大事的时候吗？"等到算卦人出来，邹忌令人把他抓住，还把这个情况向齐威王告发。田忌是个光明磊落之人，他无法向齐王洗刷冤屈，估计也来不及向孙膑问计，一气之下率亲信部队攻打国都临淄，想抓住邹忌。但这正中邹忌的下怀。田忌的武装又怎能打得过正规军呢？田忌战败，只好逃到楚国。直到齐宣王即位后，田忌才重回齐国复职。

＜智慧点津＞

庞涓虽有雄才大略，却心胸狭窄、妒才嫉贤，且野心勃勃、好高骛远，最终害人害己。孙膑作为一代杰出的军事家，历朝历代都对他有很高的评价。孙膑遭到庞涓的陷害双腿残废，但没有自暴自弃，其身残志坚的精神得到后世的赞扬。

孙庞斗智

连横霸秦

——当巧舌如簧遇天真大王

公元前328年，杰出的纵横家张仪当上了秦国丞相，开始着手实施自己的连横策略。秦国的劲敌齐国在公元前317年的修鱼之战后，与楚国结盟，对秦国构成了很大的威胁。秦国要想向东边扩展势力，瓦解六国抗秦的合纵联盟，就必须首先解散齐楚之盟，削弱它们联合对抗秦国的力量。张仪利用楚怀王贪婪的本性，施计骗得了楚国的信任，然后逐步说服齐国、赵国、燕国等国连横亲秦，最终瓦解了六国合纵联盟，这对列国兼并战争形势的变化产生了重大影响。秦国后来吞并六国、一统天下的战争，就是在连横战略的基础上展开的。

昭阳门下受辱

张仪，生年不详，有人说他是魏国贵族后裔。青年时期，他曾与苏秦同在鬼谷子门下求学。他离开师门后，先来到魏惠王门下，遭到拒绝，后到楚国也没有被国君接纳。无处可去，他就做了楚国令尹昭阳门下的客卿。

有一次，昭阳大摆酒宴，招待门下众客卿。喝到兴起处，昭阳让人拿出他家藏的玉璧来给众客卿欣赏。哪知宴会结束后，玉璧不知所踪。张仪是新来的，家里又穷，所以他成为众人怀疑的对象。昭阳审问张仪，张仪矢口否认。昭阳不信，命人把他痛打了一顿，然后轰出门外。

伤痕累累的张仪艰难地回到家中，妻子得知他的这番遭遇之后说："你要是不去学什么纵横术，不去四处游说，安安心心做个平头百姓，何至于此！"张仪忍着剧痛，用颤抖的声音问妻子："你帮我看看，我的舌头是否还在？"妻子回答："幸好你的舌头还在，不然你连吃饭都吃不了！"张仪不顾妻子的嘲讽，面露喜色："只要舌头还在，那就没什么好担心的了。吃饭算什么，最重要的是将来我还要靠它来做大事呢。总有一天，我会出人头地的！"

当初，张仪和苏秦一起学游说之术时，苏秦自认为才学比不上张仪。后来，苏秦说服赵肃侯，得以游说各国诸侯实行合纵联盟，但他担心秦国趁机攻打其他诸侯国，使得盟约在还没缔结前就遭到破坏。苏秦考虑再三，找不到一个能派往秦国为他工作的合适人选，于是就派人悄悄劝说张仪来投奔他。

> **知识链接**
>
> ### 苏秦和张仪
>
> 两千多年来,苏秦和张仪一直被说成是战国合纵连横斗争中的对手,苏秦大搞合纵,而张仪坚持连横。但1973年出土的长沙马王堆汉墓帛书《战国纵横家书》表明:苏秦去世的年代比张仪晚,苏秦死于公元前284年,张仪死于公元前310年,苏秦的政治活动均在张仪身死之后。也就是说张仪在秦国任相时,苏秦还没踏入政坛,此记载不同于《史记》和《资治通鉴》。因此,苏秦与张仪的关系及苏秦是否帮助张仪入秦,都有待进一步考证。

于是张仪前往赵国,呈上名帖,请求拜见苏秦。但是,苏秦对张仪不理不睬,招待张仪的时候也只是用给仆人和侍女所吃的饭食,还当众羞辱张仪,说张仪那么有才能,竟弄得穷困潦倒到这种地步,是不值得收留的,说完就把张仪打发走了。张仪这次来见苏秦,本以为是旧交,可以得到好处,谁知反而受到羞辱,一气之下,想到各国诸侯中只有秦国才能威胁赵国,于是便前往秦国。

苏秦暗助入秦

苏秦在张仪离去后,暗中派人资助张仪到达秦国,还帮助他见到了秦惠文王。不久,张仪被拜为客卿,与秦王共同商讨攻打各诸侯国的大计。这时，帮助张仪的人才说那时苏秦是故意激怒他，为的是张仪今后有更好的发展。

张仪得知后十分后悔，说道："哎呀！这些权谋本来都是我研习过的，我却没有察觉到，我没有苏先生高明啊！请替我感谢苏先生，苏先生当权的时代，我张仪怎么敢奢谈攻赵呢？"

后来，张仪与公子华率兵攻破魏国蒲阳城（现在的山西隰县）。这时，张仪想趁机实践一下自己的"连横"策略，于是自告奋勇地恳请秦惠文王让他到魏国去任丞相，说他保证可以说服魏国投靠秦国，背弃"合纵"盟约，秦惠文王同意了。

张仪对魏惠王说："即使是亲兄弟，也有可能为财产争得你死我活。六国各怀心思，根本不可能长期这样合作下去。魏国正好处于各国中间，而且地势几乎是一马平川，没有天险可守，一旦六国反目，魏国的处境就十分危险了。大王只有依附强大的秦国，才可保魏国的长治久安哪！"魏惠王竟然真的被说动了，同意与秦国结为联盟。

这是六国"合纵"出现的第一次破裂，也是张仪用"连横"策略取得的第一次胜利。

张仪回到秦国后，凭借说服魏国结盟的功劳，被封为秦国丞相。秦惠文王十二年（公元前313年），秦国想要攻打齐国，但忧虑齐国、楚国已经缔结了合纵联盟，于是派张仪前往楚国游说楚怀王。

巧舌如簧戏楚王

楚怀王听说张仪到来，特意空出上等的住宿之处，还亲自到住宿之处安排他的住宿。楚怀王说："这是个偏僻鄙陋的国家，您用什么来指教我呢？"

张仪对楚怀王说："大王如果真要听从我的意见，就和齐国断绝往来，解除盟约，我会请秦王献出商於一带六百里土地，让秦国的女子作为服侍大王的侍妾，秦、楚之间娶妇嫁女，永远结为兄弟国家，这样向北可以削弱齐国，而西边的秦国也能得到好处，没有比这更好的策略了。"

楚怀王听后眼睛顿时发亮了：只要和齐国断绝交往就可以得到六百里的土地，这真是天上掉下来的馅饼啊！

楚怀王被骗不能怪他太蠢了，只能怪他没有长远的眼光和冷静的头脑。如果这样就可以得到六百里的土地，那天下的战争就会减少一半了。国与国之间都是寸土必争，秦国怎会如此大方，这六百里地到处都藏着刀啊！

楚怀王将这个消息告诉了群臣，一时间，群臣都十分兴奋，不过有个人却沉默了，那就是在秦国被张仪打压的大臣陈轸。他敢于说真话，对正在兴头上的怀王说道："张仪这个人不可信，如果这样就能得到六百里土地，也太轻松了，况且我们一旦失去了齐国这个盟友，秦国和齐国很有可能会联合在一起，到时候，我们就有麻烦了。"

怀王皱着眉头道:"你说这话有什么根据吗?话可不能乱说!"陈轸坚持自己的想法,继续说道:"我们应该留一条后路,表面上与齐国断交,暗地里仍保持同盟状态,能得到土地最好,如果得不到土地,也不算得罪齐国。"

其实这是一条可进可退的计策,非常巧妙,拿到土地再断交,肯定是赚了,就算没有拿到土地也不赔。刚愎自用的楚怀王却没有理会,他决定好好守信。但他不知道,有些守信的人最后连自己的命都没能保住,特别是在那个尔虞我诈的年代,有时候守信也是一种迂腐啊!怀王一脸不屑地说:"你别再来烦我了,你就等着看我得到土地吧!"于是将楚国相印授予张仪,同时还给了他大量钱财,表示友好。

等张仪走后,楚怀王立即派人去和齐国解除同盟关系,然后美滋滋地派人去了秦国,找张仪要土地。张仪早就料到会有这事,他在回国的途中,故意从车上摔下来,然后称病不起。当然了,他这是为了躲避楚国的使臣。

楚怀王也知道张仪不是真病,只是为什么要躲着,他没有弄明白。他没有眼光不要紧,他的愚蠢之处就在这里:他想也许是自己与齐国断交断得不够彻底,那好,就再来点狠的!于是楚怀王又派出勇士到齐国大骂齐王。齐王就是修养再好,也不能忍受一个草民对自己的谩骂,于是齐王大怒之下,断然与楚国解除盟约,转而与秦国结盟。

张仪听说此事后才出来会见楚使,他对楚国的使者说道:"我

的封地有六里，愿意献给贵国大王。"使者听后也蒙了，不是这么少啊！他说道："大王让我来拿六百里的封地，不是六里啊！"张仪不再理会他："就这六里，爱拿不拿！"

使者回到楚国将此事告诉给怀王，怀王听后大怒，他头脑一热发兵伐秦，可是秦国准备得十分充分，还新增了一个强有力的盟友齐国，两国联手斩杀楚国八万士兵。附近的国家听说后都跟着凑热闹，一起攻打楚国，谁都想捞点便宜。

张仪出使一次楚国，就让楚国变得如此不堪。说楚怀王笨也好，说张仪聪明也罢，总之强大的楚国一去不复返了，国力大大衰减。

两年后秦王想得到楚国更多的土地，便派人对楚怀王说要用武关以外的土地来换黔中地区。而楚怀王却说只要让张仪来楚国，就把黔中地区给秦国。秦王有些犹豫，他知道让张仪去必死无疑，但张仪知道后主动请求入楚。他对秦王说道："请大王放心，现在秦强楚弱，况且我在楚国还认识几个人，楚王不一定就把我杀了。不过就算被杀了，能替大王拿到黔中地区，也算我完成了大王的心愿。"

秦王见张仪坚持要去，也就不阻拦了，毕竟能得到更多的土地。张仪一到楚国，怀王二话不说就命人把他囚禁起来。怀王就是要好好地蹂躏他，然后再杀了他以解心头之恨。

张仪对靳尚这个人很好，靳尚和郑袖关系不错，而郑袖正是怀王的宠姬，怀王很听她的话。靳尚不希望张仪被杀，便找到郑

袖，对郑袖说："秦王很宠信张仪，你一定要想办法，不能让张仪死在这里。"郑袖不解，靳尚又继续说："秦王已经打算把六个县的土地给楚国，把秦国的美女嫁过来，陪同的还有宫中能歌善舞的歌女。大王很看重土地，也很喜欢秦国的美女，以后秦国的女子肯定会处尊居贵，夫人就会被冷落，所以你不如先将张仪救出来。"

郑袖是个爱吃醋的女人，一听，果然答应下来。晚上，她对楚王说："臣子都为各自的君主效力，张仪也没有什么过错。现在黔中之地还没有交出去，秦王就打发张仪来了，这是对大王的尊重。而大王没有以礼回敬，反而要杀死张仪，秦王一定会大怒，派兵来攻，请大王允许我们母子到江南一带躲避灾祸。"楚怀王一听十分有理。他这个人就是容易受人蛊惑，而对屈原等贤臣的忠言置若罔闻。他果真放了张仪，还以礼相待。

张仪被放了出来，按理说早就应该跑了，但他并没有马上离开楚国。他觉得楚怀王太好耍了，不耍白不耍，而且耍了对自己和秦国都有好处。他对怀王说："大王，现在天下的强国只有秦楚两国，若贵国与其他国家联合攻打秦国，这真是个不明智的决定。联合一帮弱国去攻打强国，怎么会胜利？假如秦王一发怒，这些国家就要遭殃了。另外，秦国现在占领了宜阳，如果继续向东攻打，楚国也会十分危险。大王，我看不如您与秦国和好联姻，那么两个强国之间没有战争，还可以一起去攻打别的国家。"

怀王一想也挺好，现在与秦国一起合伙投资做生意，那是稳赚不赔的，干吗不干？张仪见起了效果，便又说了一些话，怀王终于下定决心，马上就与秦国交换质子，还与秦国联姻。这一次张仪走时，怀王不但没伤他一根汗毛，而且像上次一样，送给他许多金银财宝。楚国大夫屈原劝谏，让怀王留下张仪，可怀王哪里肯听，这让屈原感到痛心。

张仪两次入楚，每次都得到了自己想要的，真可谓有勇有谋。虽然他是以欺骗的手段来获利，但在纷争的战国是没有太多信义可言的，能用智慧去获利，那也是人家的本事。

接着，张仪又接连出使韩国、赵国、燕国等其余几国，成功地说服他们抛弃"合纵"盟约，与秦国结盟，彻底瓦解了"合纵"联盟。屡建奇功的张仪被秦惠文王封为武信君，得到五座城邑的封地，可谓是辉煌一时。

出逃魏国终其老

不久，秦惠文王去世，他的儿子嬴荡登上王位，是为秦武王。秦武王早就看不惯张仪，朝中对张仪心怀妒忌的大臣趁机在秦武王面前添油加醋，说张仪的坏话。受形势所迫，张仪对秦武王说："我有个不成熟的计策，希望献给大王。"武王说："怎么办？"

张仪回答说："为秦国国家着想，必须使东方各国发生大的变故，大王才能多得土地。如今，听说齐王特别憎恨我，只要我在哪个国家，他一定会出动军队讨伐它。所以，我希望让我这个不成才的人到魏国去，齐国必然要出动军队攻打魏国。魏国和齐国的军队在城下混战而谁都没法回师离开的时候，大王利用这个间隙攻打韩国，打进三川，军队开出函谷关而不要攻打别的国家，直接挺进，兵临周都，周天子一定会献出祭器。大王就可以挟持天子，掌握天下的地图户籍，这是成就帝王的功业啊！"

秦武王认为他说得对，就准备了三十辆兵车，送张仪到魏国。齐湣王听说张仪在魏国，果然出动军队攻打魏国，魏哀王很害怕。张仪说："大王不要担忧，我让齐国罢兵。"于是张仪就派自己的门客冯喜到楚国，再借用楚国的使臣到齐国，使臣对齐湣王说："大王特别憎恨张仪，如今张仪去了魏国，大王果然攻打它，这是大王使国内疲惫困乏而向外攻打与自己建立邦交的国家，广泛地树立敌人，祸患殃及自身，却让张仪得到秦国的信任，成就秦国的大业，这不是很不明智吗？"齐湣王赞同使者的说法，便下令撤军。

张仪出任魏国相国一年后，在魏国病逝。

<智慧点津>

　　张仪在辅佐秦国期间，不仅使秦国在外交上屡屡占得上风，而且帮助秦国瓦解了"合纵"联盟，为秦国的扩张创造了条件。后来，秦国能够"东拔三川之地，西并巴蜀，北收上郡，南取汉中"也受益于张仪的努力。可以说，张仪对秦国统一大业的贡献是不可忽视的。

　　张仪在外交中一次次使用欺瞒、诱骗等方法，这一点可能常为人们诟病。但作为纵横家的开山师祖之一，他的机智、口才和外交策略，还是给人们留下了深刻的印象，为其后的外交家们在雄辩技巧和外交策略方面提供了一种范式。

苏秦合纵

——一张嘴说遍天下无敌手

战国时期群雄相争，除用武力之外，还需要展开外交、政治上的攻势，于是纵横家应运而生，他们并不专崇一种主张或观点，而是根据实际需要定其取舍，时而用儒，时而用道，构成了所谓的一纵一横。因当时秦国强而六国弱已成定局，所以关东各国抗秦者联盟称为合纵，而秦国设法破坏合纵就采取连横策略。苏秦凭自己三寸不烂之舌，挂六国相印，成为合纵抗秦的集大成者。

悬梁刺股苦读书

战国时有个叫苏秦的人，自幼家境贫寒，酷爱钻研，为了生计和读书，他不得不时常卖自己的头发，或者帮别人打短工。后来苏秦遇见鬼谷子，便拜他老人家为师。

苏秦像老鹰一样盯着地图看了一段时间之后，决定将秦国作为实现自己野心的猎物。他以较低的价格变卖了家产，凑足盘缠，然后前往秦国。临行前，他还特意买了件名贵的黑貂皮外衣穿上，好让秦惠王知道他并不是因为缺银子花才跑到秦国的。

> **知识链接**
>
> ### 鬼谷子
>
> 鬼谷子，姓王名诩，后世称之为"王禅老祖"，他是纵横家的鼻祖，也是兵家的代表人物之一。他既有政治家的三韬六略，又擅长外交家的平衡之术，更兼有阴阳家的祖宗衣钵，预言家的江湖神算。他通彻天地，是位奇才、全才，无人能及。苏秦和张仪是他最杰出的两个弟子。其代表作有《鬼谷子》和《本经阴符七术》。

刚继位不久的秦惠王接见了苏秦。在会谈中，苏秦把早已准备好的一番高瞻远瞩的大道理讲了出来，滔滔不绝，口若悬河。他点明了当时天下的大势，极力怂恿秦王凭借自己强大的力量和优越的地理条件发动统一天下的战争。无奈秦惠王对苏秦的这番空头理论提不起兴趣，认为秦国现在谈统一天下还为时尚早，于是就婉言回绝了苏秦。

这对苏秦来说是个不小的打击，此后他待在咸阳，先后十几

次上书秦王大谈强有力的武力是通往和平的基础。可是秦王丝毫不为所动，他将苏秦视为一个只会高谈阔论、华而不实的小人物。时间一长，苏秦惨了，名贵的貂皮大衣穿破了，口袋里的那点银子也花光了，几天吃不上一顿饱饭，饿得脸又黑又瘦。后来他连鞋子都没穿的了，只好自己编草鞋，背着又脏又烂的行李打道回府。

当苏秦回到老家时，已变得穷困潦倒，全身破烂不堪，满脸尘土。附近的邻居见到他，认为他不务正业，只会"耍嘴皮子"，就连哥哥和嫂子也都不能理解他，还对他冷嘲热讽。苏秦落魄地回到家中，他的妻子一直坐在织布机上不下来，连正眼都不瞧他一下。

苏秦见到家人这么对他，非常伤心。他关起房门，不愿见人，对自己进行了深刻的反省："哥哥、嫂子和妻子这样冷落我，都是因为我不争气，没有学好本领。"

认识到了自己的不足，他又重新振作起来，搬出所有的书册，发奋读书。他每天学习到深夜，有时候不知不觉伏在书案上就睡着了，第二天醒来后悔不已，但是又没有什么办法能让自己不睡着。有一天，读着读着实在是困了，苏秦不由自主地便扑倒在书案上，但他猛然惊醒了，手臂被什么东西刺了一下，一看原来是书案上放着的一把锥子。苏秦马上想出了制止打瞌睡的办法：锥刺股！以后每当昏昏欲睡时，他就用锥子扎一下自己的大腿，让自己突然痛醒。因此，他的大腿经常是血淋淋的，目不忍视。

家人见到他这样，有些不忍心，劝他说："你一定要成功的决心和心情我们可以理解，但不一定非要这样虐待自己啊！"苏秦回答说："不这样，就会忘记过去的耻辱！"

得志于燕展才华

经过一年的磨炼，苏秦已经很有学问了，他认为自己是时候出去闯荡了。他离开家，向着东北方向一路行去，来到了燕国。他将燕国的国情分析了一番，然后建议燕国与赵国结盟。燕王非常看好他，决定重用此人，便说道："如果你能做到你所说的，我和我的人民将完全听从你的安排。"这其实是给他开了施展才华的绿灯。

苏秦心里很感激燕王，在受过那么多苦之后，终于有人赏识自己了，这份知遇之恩没齿难忘啊！苏秦又来到了赵国，他的一番理论使赵王茅塞顿开，大喜过望，马上封苏秦为武安君，还给他一百辆豪华车辆、白璧百双、黄金万镒及数不清的绫罗绸缎，让他带着去向其他国家宣扬"合纵术"，联合起来抗击秦国。

这下苏秦发达了，他威风凛凛地周游列国，以三寸不烂之舌，说得韩、魏、楚、齐各路诸侯怦然心动，趋之若鹜，言听计从。当苏秦被浩浩荡荡的车马簇拥着前往楚国时，途中路过家乡洛阳，他的父母听说儿子回来了，赶紧雇人粉刷房子，把路打扫干净，跑到三十里外的地方去迎接；他的老婆见

到他时毕恭毕敬，不敢抬头正眼看他；当初虐待他的嫂子从地上爬过去，跪在他的面前向他道歉，请求他原谅自己当年的怠慢。苏秦对世态炎凉感慨不已。

在苏秦出使各国期间，有人毁谤他出卖国家、反复无常，将要作乱。苏秦怕获罪，返回燕国，燕王却不再给他官职。苏秦求见燕王，说道："忠信之人一切是为了自己，进取之人则是为别人；我弃家外游，就是要进取。像曾参一样孝顺的人，就不会离开父母在外面过上一夜，又怎能让他到燕国，侍奉处在危困中的国君呢？"燕王低头沉默不语。

苏秦又给燕王讲了个故事："过去有个丈夫，长期出门在外，妻子就跟别人好了，他家里还有一妾，妾没跟别人好。不久丈夫要回家了，妻子的那位相好就说，你丈夫回来就要露馅了，怎么办？妻子胸有成竹地说，我准备好了，他一回来就弄一杯毒酒给他喝，他腿一伸，不就完了吗？过了几天丈夫回来了，妻子就让那位妾端着毒酒给他喝。可是妾在外面没有人，是很忠诚的啊！要是丈夫一死，她可就成寡妇了，于是她想到一个办法，故意把毒酒不小心洒到地上。丈夫不知道妾这样做是为了自己好，就生气地把妾揍了一顿。我特别怕在其他诸侯国待久了，君王身边的大臣就像那位妻子一样了，所以您一定要耳根子硬点。"

燕王听完很快就给他恢复了官职，愈发厚待他。

苏秦大权在握，风光了很长一段时间，然而最聪明的人也难免有马失前蹄的时候。后来苏秦玩过火了，他与燕国王太后传出

了绯闻。这些小道消息传进了燕王的耳朵里，苏秦不敢在燕国待下去了，就到了齐国。

齐用苏秦焉不亡

苏秦到了齐国之后，依然心系燕国，用花言巧语取得了齐湣王的信任。齐湣王为人骄傲自大，曾有人提醒过他苏秦是燕国来的臣子，不应该受到重用，但是齐湣王不听。

苏秦果然厉害，来齐国没多久，就让燕国收回了以前被齐国占去的十座城池。他是怎么办到的呢？他对齐王说道："大王，我要祝贺你，但同时，我也为你感到惋惜。"齐王不解，苏秦就娓娓道来："我听说人饿急了就会拿乌头来充饥，现在你得到燕国的十城，却像乌头一样。秦国与燕国是亲戚，现在大王得罪了燕国，秦国一定会兴师动众来攻打齐国，但是如果把这十城还给燕国，你会得到这两国的尊敬。"齐王一听是这个理啊，于是就将十座城池还给燕国。

当时孟尝君在齐国做相国，权力很大，他主张同赵国结盟，两国的关系也一直很不错。苏秦总想要挑拨两国的关系，却翻越不了孟尝君这座大山。他也不敢太明目张胆，要是被看穿了，别说挑拨离间了，就是自己的小命也要搭进去。他在齐国五年，没有多大的成效，被迫回到燕国。其实齐湣王是很信任他的，但是孟尝君坚持与赵国和好，任他怎么劝也劝不动。

就在苏秦冥思苦想时，孟尝君去了魏国做相国，这对苏秦来

94

说是个绝好的机会。于是他再次去了齐国，这一次，他受到齐湣王的重用。

表面上，苏秦是为齐国做打算，而实际上却要削弱齐国，但糊涂的齐湣王丝毫没看出来。苏秦先是离间齐国、赵国的关系，结果被赵国的奉阳君看了出来，将苏秦关在赵国，让他不能有所作为，可是又碍于齐王和燕王的面子，没有杀他。

知识链接

奉阳君

奉阳君即战国时赵国的大臣李兑。赵武灵王让位于公子何，引发宫廷内乱。李兑和公子成一起发兵保卫赵惠文王，杀太子章，逼死主父（武灵王），从此独专国政，由司寇升任相国，号奉阳君。他主张合纵，后来与苏秦一起鼓动五国联军攻秦，无功而退。

苏秦写了封信，让人带给燕王。燕王得知后，要求奉阳君把苏秦放出来。奉阳君也不想因一个人就得罪一个国家，无奈之下只好将苏秦放了。苏秦出来后没有回燕国，而是又回到齐国。

苏秦回到齐国，又开始了他的阴谋——削弱齐国的力量。没

有战争是无论如何也不能让一个强国瞬间实力不振的。苏秦不是乱政的人，他出的许多计谋表面上都对齐国有利，所以齐湣王很信任他。他帮着齐湣王出谋划策，指出现在的强国依然是秦国、齐国和楚国，不过秦国与楚国交战几次，打败楚军，齐国又与三晋之军联合在垂沙大败楚军，所以现在楚国已不像原来那样强大，威胁齐国的只有秦国。如果不去攻打秦国，就会对齐国不利。

齐湣王听后点点头，他有意攻打秦国，可是路途那么远，秦国又十分强大，说去攻打，谈何容易。这时苏秦又说："大王，我可以去说服其他国家一起攻打秦国。"齐湣王一听，这是个好主意！如果能与别的国家一起攻打秦国，那会是多么好的一件事啊！于是便让苏秦出使别国。

凭着三寸不烂之舌，苏秦联合了赵国、楚国、魏国、韩国等一起去攻打秦国，但是这支联军却是各怀鬼胎，谁也不想先去触怒秦国，都在等别国先动手。就在此时，苏秦对齐湣王说："现在联军都在等，我们与秦国相距甚远，不如先把与秦国交好的宋国打败。"齐湣王也正有此意。他之前就对宋国不满，加之宋国近几年打了两场胜仗，不把其他大国放在眼里，正好可以趁着这个机会杀一杀它的锐气。

于是齐湣王下令攻打宋国。宋国此时已经沦为一个小国，怎能抵挡齐国的猛攻，在不到一年的时间里，就被齐国灭掉。这本是一件好事，可是赵国不愿意了，因为赵国的军队已经和秦军对峙上了，而齐国却在此时灭掉了齐国、赵国之间的宋国。没有宋国夹在中间，难保齐国不会进犯，所以赵国一怒之下就撤兵回国了。

燕昭王看到齐国已经孤立无援，就要对齐国动手，他鼓动其他国家伐齐，秦国和赵国首先表态一定要打，韩国、魏国一看大势所趋，不敢忤逆大国的意思，也就跟着出兵。在燕国将军乐毅的统率下，五国军队开进齐国。这一战，齐国险些被灭掉。

在燕国还没攻打齐国时，苏秦的身份就被查出来了，被齐湣王处死。一代纵横家就这样死了，未免有些可惜。不过，他办的事却很成功，可以说，这一场战争基本上是他一个人策划的。

智慧点津

苏秦作为一代纵横家，有很多闪光点。一是为了实现自己的人生理想，历尽千辛万苦而不改初衷，第一次自荐不成功，回到家受到家人的羞辱，但他仍继续奋斗不已。二是刻苦钻研的精神，试问"头悬梁、锥刺股"又有几人能做到？三是能言善辩的外交才能，集中体现在游说六国、合纵抗秦的一系列活动上。

但苏秦的缺点也很明显，他缺乏造福社会、救国救民的思想。他折腾来折腾去，都是为了实现荣华富贵、出人头地的个人野心，劝秦连横扩张的是他，搞"合纵抗秦"的也是他，劝齐国与秦国和好的还是他。另外，他缺乏诚意，合纵抗秦，从一开始就没有站在六国共赢的立场上，压根儿就是要削弱齐国，帮助燕国。这些，使他对历史的贡献大打折扣。

辩才陈轸
——一个经常跳槽的说客

陈轸，战国时期杰出的纵横家，在外交方面有很多出色的表现，是战国到秦汉年间活跃在外交舞台上的纵横家的典型代表。战国时的纵横家们一般都没有高贵的出身，却凭着出色的口才和谋略为诸侯所用，常常能将语言和智谋方面的才华发挥得淋漓尽致，以一己之力退敌百万，救国家于危难之中，但是他们往往以保全自身利益为政治原则，所以不可能毫无保留地效忠于一个国家，而总是在列国之间游离。

说妙语巧破谗言

陈轸曾与张仪同为秦惠王做事，都很受重视。张仪见陈轸才能突出，担心秦王会偏爱陈轸而冷落自己，就找机会向秦王说陈轸的坏话。

有一次，张仪对秦王说："陈轸多次受大王之命携重金出使楚国，现在也不见楚国对秦国示好，反倒是楚王与陈轸的私交越来越厚，听说他经常将秦国的机密泄露给楚国，可见他假公济私，暗中勾结楚王。今日我又听说他有投奔楚国的意思，请您明察。"秦王听后很气愤，就召陈轸来问话。

陈轸来后，秦惠王开门见山地问道："我听说你想离开秦国，到楚国去，有这事吗？"陈轸一听就明白了三分，镇定地说："有。"秦王强压怒火道："果然如张仪所说！"

陈轸知道是张仪在背后说他坏话，便从容地解释道："这事不是只有张仪知道，而是路人皆知。"秦王一脸不悦。

陈轸接着说："过去，伍子胥对吴国君主忠心耿耿，所以天下君主都想招他去做大臣；曾参对自己的父母孝顺有加，所以天下父母都想要他做儿子。家里的侍女在出卖时如果能被本乡人买走，就表明她是个好侍女；妻子被丈夫抛弃时如果能再嫁给本乡人，就说明她是个好妻子。如果我对您真的如此不忠的话，楚王又凭什么认为我会对他忠心呢？忠心耿耿却被您怀疑，我不去楚国还能去哪里呢？"

"既然这样，你为什么要将秦国的机密泄露给楚国呢？"秦王又问。陈轸坦然一笑，对秦王说："大王，我这样做正是为了顺从张仪的计谋，来证明我不是楚国的同党呀。"秦王一听糊涂了。

陈轸接着说："楚国有个人有两个妾。有人勾引年纪大一些的妾遭到一顿大骂，他又去勾引那个年纪轻一点的妾得一时欢畅。

这个楚国人死了，别人就问那个偷情者是愿意娶年纪大的还是年纪轻的人做妻子，他回答说要娶那个年纪大一些的。人家又问他，年纪大的骂你而年纪轻的喜欢你，那为什么还要娶那个年纪大的呢？那人回答说，她骂我说明她对丈夫很忠诚，娶妻我当然希望她能对我忠贞不二，对那些勾引她的人破口大骂。大王，您想想看，我身为秦国的臣子，如果我常把秦国的机密泄露给楚国，楚国会信任我、重用我吗？我是不是楚国的同党，大王您该明白了吧。"

这一席话说得秦王心悦诚服，之后秦王对他更加信任和倚重。

"画蛇添足"的由来

公元前323年，楚怀王派上柱国昭阳率兵攻打魏国。昭阳勇猛，楚兵士气也旺，一路连获大捷。打败了魏国，昭阳意犹未尽，又想去征伐齐国。消息传到齐国，齐王惊慌失措。当时陈轸正代表秦国出使齐国，他对齐王说："大王不用担心，我一个人就可以退楚兵。"齐王同意让他一试。

陈轸携厚礼来到昭阳的营中。恭敬地行礼之后，他先恭喜昭阳攻魏大获全胜，然后问昭阳："依楚国律令，如果像您这样大败敌军，而且杀死敌军主将，楚王会如何犒赏？"昭阳回答："授予楚国最高的武官官职上柱国。"陈轸又问："上柱国之上还有什么官职？"昭阳回答："只有令尹一职了。"陈轸接着问："将军现在已经位居上柱国，而楚国已经有一位令尹，楚王会因为您的战功显赫而将您也提拔为令尹吗？"昭阳说："自然不会。"

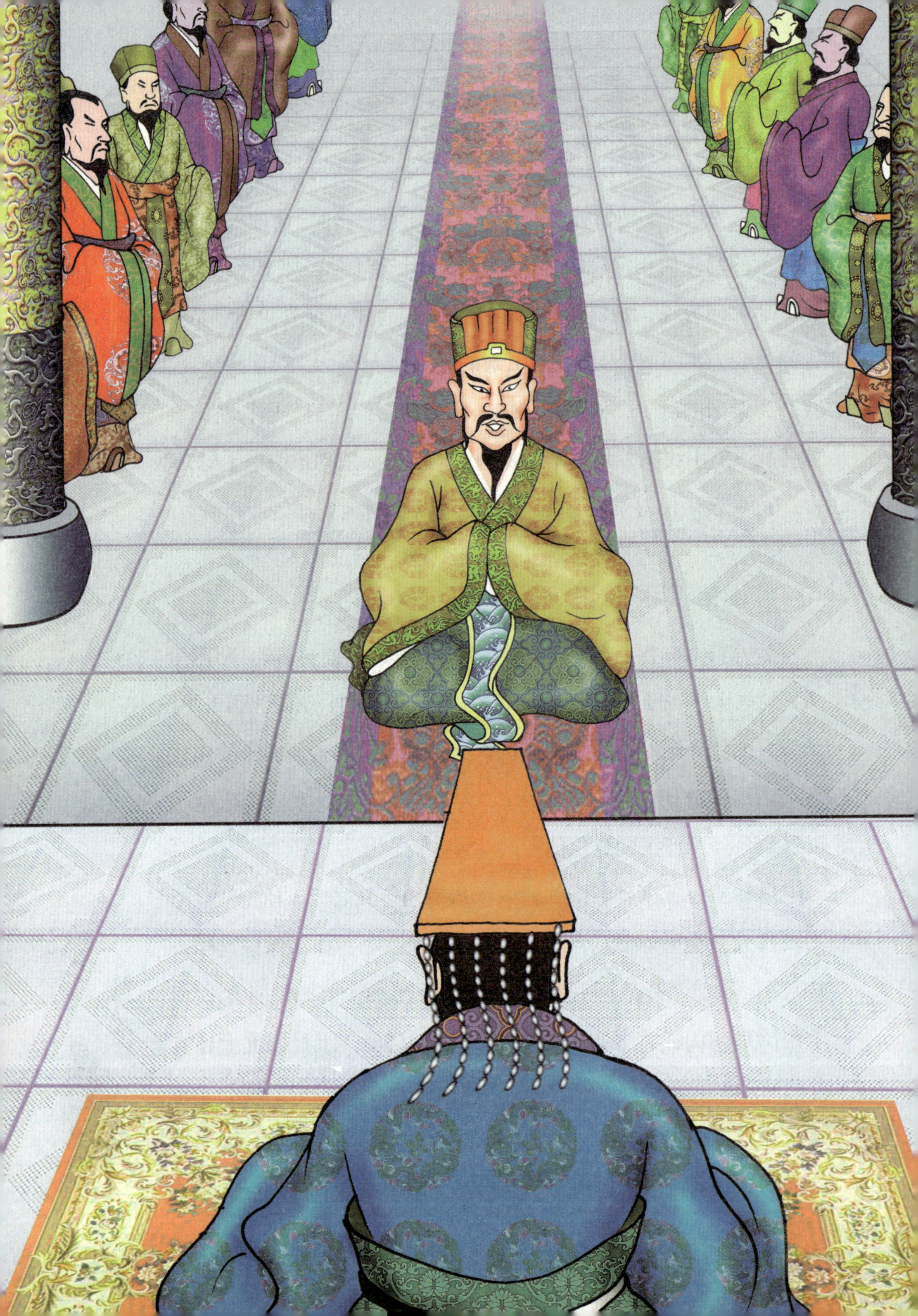

陈轸又说:"给您讲个故事。从前有个人赏了一杯酒给自己的众门客。门客们说,这一杯酒不够这么多人喝,干脆大家比赛画蛇,谁最快画成就把酒给谁喝。有个人很快就画好了,但见别人都还没画完,就得意地想'我再给蛇画上脚也比你们快',于是他继续给蛇画脚。这时另外一个门客画完了蛇,把酒一饮而尽,嘲笑他说:'长脚的哪里还是蛇啊,您这不是多此一举吗?'那位给蛇画脚的门客懊悔不已。"

陈轸轻轻咳嗽了一声,缓缓说道:"现在大将军大败魏国,功劳已经很大,您再去攻打齐国又是为什么呢?您身居高位,已经没有晋升的空间,而且楚军已经征战这么久,将士疲乏,而齐军一直在养精蓄锐。在这种情况下,纵然楚军英勇,也难保万无一失。一旦遭遇不测,将军建立的赫赫战功岂不是毁于一旦?您这么做不是和那画蛇添足之人一样了吗?"

昭阳细想,确实如此,于是他当即决定率兵回国,不再攻打齐国。昭阳对陈轸的提醒十分感激,不但盛情设宴款待陈轸,还以重礼相送。不久,昭阳就班师回国了。

"卞庄子刺虎"的策略

后来秦王封张仪为相,陈轸不愿意受制于张仪,投奔楚国去了。

那时,楚怀王在张仪的诱骗之下背弃了与齐国的盟约,齐王一气之下兴兵伐楚,楚怀王急忙派兵迎敌。楚怀王很担心秦国趁

机攻楚，使楚国两面受敌，于是就去向当时已经投奔楚国的陈轸请教对策。陈轸说："请大王派我出使秦国，我为您解此后顾之忧。"楚怀王同意了。

陈轸来到秦国，秦惠王故意问他："现在齐国、楚国对战，你说本王应该支持哪个国家？"陈轸先不回答，而是又讲了个故事。他说："从前有个人叫卞庄子，十分勇敢，敢一个人上山打虎。一天，有个牧童急匆匆地赶来对卞庄子说，'糟了！山上来了两只老虎，正在抢我的牛吃呢！'卞庄子一听，就拿起宝剑跑上山去。只见一只大老虎和一只小老虎正在互相撕咬，牛在一边战战兢兢，许多人远远地站在一旁观看。卞庄子提着宝剑正要冲上去杀老虎，却被旁边的一个人拉住了。那人说：'两只老虎这么打下去，总有一只会受重伤的，另外一只也会疲惫不堪。那时候你再出手，岂不是省了力气？而且还能两虎兼得呢。'卞庄子觉得有理，就在那里耐心等着。不久，小老虎被咬死，大老虎也受了重伤。卞庄子冲上去一剑刺死了大老虎，果然是两虎兼得。"

讲到这里，陈轸说："现在齐国、楚国对战，总有一个国家会被打败，而且两军都会有损伤。您不妨等其中一方招架不住了，再加入进去，到时再决定站在谁的一边。"

秦惠王觉得这么做对秦国很有利，于是就没有出动秦军，只是密切关注两军形势变化。陈轸这番话，似乎是为秦国利益考虑，让秦国可以坐收渔翁之利，其实是为了稳住秦国，避免秦国趁机袭击楚国，使楚国可以全力对付齐国而没有后顾之忧。陈轸高超的游说艺术可见一斑。

尽管陈轸很有才能，但是昏庸的楚怀王一直没有对他予以重用，于是他又离开楚国，到魏国去了。当时，张仪已经来到魏国，而且很受魏王赏识。昔日的冤家又碰了头，张仪仍然不放过陈轸。他对魏王说："陈轸一直对楚国很忠心，不可能轻易就背弃楚国。他如果在魏国做官，一定会找机会为楚国谋利。"

魏王听信此言，因而拒绝了陈轸。屡次不顺，没有让陈轸消沉下去，足智多谋的他正是利用了张仪的这番诬告成全了自己。他不仅没有去为自己辩护，反而努力将张仪对他的诬告传扬出去。这些话终于传到楚王的耳朵里，在魏国的恶名变成了他对楚国的忠心，这回楚王终于相信了他，对他委以重任。陈轸的这一招叫作"借彼之谋，成我之功"。

知识链接

陈轸识破张仪计

公元前313年，秦国想要攻打齐国，但忧虑齐国、楚国已经缔结了合纵联盟，所以派张仪前往楚国游说楚怀王。张仪对楚怀王说："大王如果真要听从我的意见，就和齐国断绝往来，解除盟约，我会请秦王把商於一带六百里土地献给大王。这样一来，向北可以削弱齐国，向西则有利于秦国，而楚国有了商於之地也能得到好处，一举三得，没有比这更

好的了。"

　　楚怀王大悦，立即把这个消息告诉了群臣。一时间群臣振奋，纷纷向楚王祝贺，唯独陈轸听后低头不语。楚怀王就问他："我们不费一兵一卒就得了商於之地，各位士大夫都祝贺，唯独你不祝贺，是何道理？"陈轸对楚怀王说道："秦国之所以这样重视大王，是因为大王您有齐国相助。今天，土地尚未拿到就要先断绝齐楚联盟，楚国必然被孤立，而秦国又什么时候重视过被孤立的国家呢？况且，先要求秦国割让土地，然后楚国再断绝与齐国的联盟，秦国必然不同意；而先断绝了齐楚联盟，再让秦国割地，必然会被张仪骗了。张仪这个人不可信，如果这样就能得到六百里土地，也太轻松了，况且我们一旦失去了齐国这个盟友，秦国和齐国很有可能会联合在一起，到时候，我们就有麻烦了。"楚怀王却一脸不屑地说："这件事就这么定了，你别再来烦我了，你就等着看我得到土地吧！"于是，楚怀王派人通知齐国，断了两国的联盟。后来，秦楚反目，楚兵大败于杜陵，这就是楚怀王不听陈轸的计策，过于听信张仪的后果。

<智慧点津>

　　像陈轸这样的纵横家是活跃在战国到秦汉年间的一群外交奇才。他们机智善辩，巧用计谋，往往能凭借个人能力对整个国家的局势产生决定性的影响。历史上常说他们是"朝秦暮楚"，即他们不专事一国。从道德层面看，他们的善变不一定会被认可，但是在那个国与国互相争斗的时代，他们将自己的机智与口才发挥到如此地步，创造出那样辉煌的外交成就，是令人惊叹的。

远交近攻

——奠定秦国统一大业的计谋

范雎本是魏国人,后来因祸来到秦国,得到秦昭王的重用。他是一位充满矛盾的历史人物:一方面小肚鸡肠,对过去的恩怨耿耿于怀,睚眦必报;另一方面,他又富于深谋远虑,能够忍辱负重,提出"远交近攻"的战略方针。事实证明,这一战略是行之有效的,秦国就是在"远交近攻"方针的指引下一步步强盛并完成统一大业的。从这个角度来说,范雎是秦国霸业的奠基人,一点也不为过。

出使秦国遭诬陷

在燕将乐毅率五国之军伐齐后,由于田单的出色指挥使齐国复国,魏国害怕齐国报复,便派人出使齐国,希望重修旧好。

这一次,魏王派的是须贾,须贾带领自己的门客前去,而范

雎就在其中。范雎兴致勃勃地跟去，希望能够展现自己的才华，得到须贾的推荐或重用，谁料就是因为这一次出使，差点让他丢了性命。

须贾等人来到齐国，带上重金去见齐襄王，但是齐襄王一见到他们就不客气地说道："想当年先王和魏国一起去攻打宋国时，两国的关系是多么友好，可是这样的情况没有维持多久，魏国就与燕国合谋攻打我们，险些灭掉了我国。想起先王被你们这些强盗杀害的情景，我实在咽不下这口气，现在你们又来花言巧语地愚弄我，真是可气。像你们这样反复无常的人，我是不会相信的！"

须贾被说得哑口无言，正当他发愁的时候，范雎在一旁说道："大王，话可不能这么说，之前我们攻打宋国是奉了周天子之命，本来说好大家分了宋国，可是齐国违背了诺言，独自吞并了宋国。不仅如此，当齐国强大后，还不停地侵占各诸侯国，这才让这些国家联合起来攻打齐国。更何况我们魏国还念着旧情，没有随同燕军一起攻进齐国都城临淄，这是因为我们还尊重齐国。如今大王您应该抛弃前嫌，像齐桓公和齐威王那样治理国家，必定能使得齐国重新强大起来。我们正是出于这样的考虑，才会与贵国重修旧好，对此大王不但不高兴，反而说我们是反复无常的小人，依我看来，大王恐怕会重蹈齐湣王的覆辙！"

范雎的一席话不卑不亢，让齐襄王另眼相看。襄王先是吃了

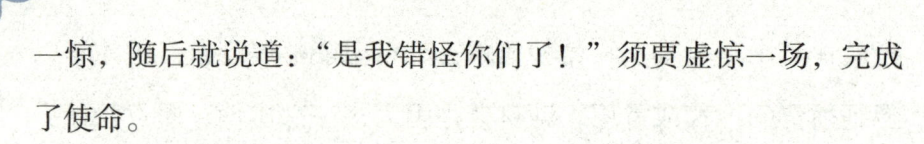

一惊,随后就说道:"是我错怪你们了!"须贾虚惊一场,完成了使命。

齐襄王对于范雎这个人很是赞赏,希望能够纳为己用,于是就在私下打听范雎的情况。当他得知范雎不过是须贾的一个门客,很是高兴,就派人暗中规劝范雎能留在齐国。

范雎没有答应,他一边摆手一边说道:"我是魏国人,同魏国的使臣一起出使贵国,若是留了下来,这样多没信用啊!要是让别人知道了,我以后还怎么做人?"

这人看范雎不肯留下来,就向齐王禀报。齐王听了范雎的话,更加敬重他,派人送去黄金和酒肉。范雎推辞不肯接受,但是齐人坚持要送,他推辞不过,就把酒肉收下,退回了黄金。

须贾在得知此事后,十分嫉妒。想想也是,一个下人居然比自己还受待见,这怎么能让他接受?当他回国后,就在魏国宰相魏齐那里诬陷范雎,说他暗通齐国。魏齐大怒,将范雎抓起来,严刑拷打。范雎始终都没有招认,他本来就光明磊落,如何招认?魏齐就想屈打成招,可是范雎是个硬骨头,就是不从,后来他装死才得以侥幸活下来,士兵把他当成死尸用席子卷住,扔进了厕所里。

范雎像个死人一样躺在厕所里,等他清醒后,对守卫说:"如果你能帮助我逃出魏国,我肯定会重重答谢你!"守卫答应下来,可能也是看他可怜,没有想过他有一天能飞黄腾达,一个将死之人,能有什么作为。于是这个守卫就上报到魏齐那

里，请求丢弃厕所里的死人，魏齐想都没想就同意了，范雎这才得以存活下来。

后来魏齐听说范雎并没有死，就到处搜捕他。有个叫郑安平的人，和范雎关系比较好，听到此事后就将范雎藏了起来，范雎也随即化名为张禄。

遇穰侯下车避祸

不久后，秦王派出王稽出使魏国，郑安平扮作一个士卒，跟在他旁边。王稽要走的时候，对身边的人说道："有人想要随我去秦国吗？"郑安平说出了范雎的事情，并寻找机会让王稽与范雎见面。范雎见到王稽后，与他交谈甚欢，王稽认为范雎是一个不可多得的人才，决定把他带到秦国去。

王稽将他藏在自己的车队里，混出魏国，当到了秦国后，正巧碰到了穰侯。范雎说道："我听说穰侯这个人把持秦国大权，不喜欢外国的宾客，如果让他看见我，恐怕事情会不好。"他说完就躲到了马车中。

穰侯果然来询问了一番，但是都被王稽遮掩过去。随后范雎从车里出来，扮成了一个随从，众人很不解：风头都过去了，你还怕什么呢？他说道："我听说穰侯这个人很疑心，但是记性不好，他一会儿肯定还会过来搜查的。"结果刚前行几步，穰侯果然又派人回来查看，见马车中没有生人，才算罢休。这也体现了范雎的谨慎，他了解穰侯的性格，才避免一难。

王稽回来后向秦王说明此番出使遇到的情况，然后又说找到一个有才能的人，将范雎推荐给了秦王，但是秦王对他没有兴趣。范雎也不着急，而是耐心地等待机会。

范雎选择隐忍的很大原因是因为穰侯这个人。穰侯就是魏冉，他手握重权，怎能让别人分化自己的权力？

献良谋范雎拜相

公元前270年，秦昭王派魏冉率兵攻打齐国，范雎知道自己的机会来了，于是就给秦王写了一封长长的信，这封信写得很诚恳，又表现出了他的能力。

秦昭王看过信之后，就派人叫来范雎。范雎进宫后，故意拖延时间，左转右转，这时秦王走来，身边的人就对范雎说："大王来了，快拜见啊！"谁料他故意装糊涂地说道："秦国哪里有王？我看到的只有太后和穰侯！"范雎也真是够大胆的，这话若是让太后和穰侯听到，非扒了他的皮不可，就是秦昭王听后，也未必不会怪罪他。

但是秦昭王听到后给他赔礼，说道："先生所言极是，我早就想自己说了算，以前是因为我年轻，现在我可以自己做主了！"

秦昭王的态度如此谦和，倒让范雎受宠若惊，他也因此更加相信秦昭王，将自己的想法都说了出来。他先是说了以前齐国攻打楚国，得不到好处，现在秦国攻打齐国，也得不到好处。秦昭王不知道他要说什么，就问："先生是什么意思？"

范雎看已经吊起昭王的胃口，说道："秦国占据很好的地形，您又有那么多战车和士兵，对付其他国家不是轻而易举的事吗？可现在秦国不能东进一步，为什么呢？"

秦昭王听得入神，不自觉地把身子往范雎那边靠拢，只听范雎娓娓道来："您跨过韩国和魏国的国土去攻打强大的齐国，这不妥。发的兵少了，伤不了齐国；出的兵多了，秦国内部的防御就弱了。您大概是想自己少出兵，而让韩国和魏国多出兵，但它们不肯。您明知道这两个国家不足为信，还穿过它们的国土去打仗，这不是太大意了吗？以前齐国攻打楚国，明明打赢了，却连一寸土地都没拿到，是他们不想要土地吗？那是因为他们的疆界扩展不到那里啊，最后讨伐的成果却落到了临近楚国的韩国和魏国手里，这不是借给强盗刀枪，送给小偷粮食吗？"

范雎稍稍停顿了一下，又继续说道："与其这样，您不如同距离远的国家建交，攻打距离近的国家，这样得到的每一寸土地都是您自己的。从前中山国那么大，赵国把它独吞了，也没人能把赵国怎么样。现在韩国和魏国在诸侯国的正中间，正是枢纽的位置，如果您想成就一番霸业的话，一定要把枢纽打通，楚国和赵国才会感到威胁。这两个国家不管哪个强哪个弱，弱的那个总会来归附秦国。这两个国家被秦国收服了以后，齐国肯定会慌乱，也来归附。三个国家都归附了，那么剩下的韩国和魏国不就好说了吗？"

秦昭王说："我本来是想拉拢魏国的，可是它的态度变来变

去，让人摸不着头脑，这怎么办呢？"范雎答道："先用财物笼络，不行就割地送给它，还不行的话，就攻打它吧！"秦昭王听后对范雎大加赞赏，决定重用他，拜他为相，这也宣告了宣太后和穰侯掌权时代的终结。

远交近攻成国策

秦王听从了范雎的建议，两年后发兵攻打魏国的邢丘。邢丘失守，魏王受到秦国的威胁，十分惊慌，相国魏齐听说秦国的丞相是魏国人，就打发须贾到秦国来求和。

范雎听说须贾到了秦国，就换了一身破旧的衣服到客馆里去见他。须贾一见范雎还活着，吓了一大跳，说："你现在做什么？"范雎说："我就在这儿给人家当个使唤人。"须贾见他身上穿得单薄，冻得直打哆嗦，就拿出一件茧绸大褂来，送给范雎，并且留他一起吃饭。

须贾说："听说秦王非常重用丞相张禄，我很想见见他，不知有没有人能够给我引见？"范雎说："我的主人倒是跟丞相结识，大夫要见丞相，我就伺候你去吧。"

范雎陪须贾到了相府门口，对须贾说："您等一会儿，我去通报一下。"范雎进去不久，里面传出命令，丞相叫须贾进去。须贾问守门的侍者说："刚才同我一块儿来的范叔，怎么还不出来？"守门的说："哪里来的范叔，刚才进去的不就是我们的丞相吗？"

须贾这才知道张禄就是范雎，吓出一身冷汗。他进去后，跪在地上爬到范雎面前，连连磕头，说："我须贾瞎了眼了，得罪了丞相，请丞相把我治罪吧！"

范雎把须贾狠狠地数落了一顿，接着说："你今天见了我，给我这件绸袍子，总算还有点人情味儿，看在这个份儿上，我饶了你的命。"接着，他又叫须贾捎信给魏王，要魏王杀了魏齐，才允许魏国割地求和。须贾回到魏国，把范雎的话回报给了魏王，魏王情愿割地求和，魏齐走投无路，只好自杀。

魏国归附以后，范雎再一次向秦昭王建议："韩国和魏国，两国国土交叉的地方太多了，有韩国在秦国的旁边，万一哪天天下局势变了，韩国就是最大的祸患，不如让韩国归附秦国。"秦王说："我也是这么想的，可韩国不听怎么办？"范雎回答："您应该先攻打韩国的政治、经济、交通和军事要塞荥阳，这样就挡住了去成皋的路，北面再断绝去太行的路，上党的韩军也不能南下，韩国被分成三块，不能相通，又怎么会不听从秦国的命令，乖乖归顺呢？韩国归顺了，这一统天下就容易多了。"秦昭王又一次听从了范雎的计谋。

按照范雎的想法，秦国先同最远处的齐国和楚国结盟，内外夹击，孤立中间的韩国和魏国，使它们不得不归附；然后北进南推，攻破南北两翼的赵国、燕国和楚国，再整合三国的力量，回头消灭韩国和魏国，最后以压倒性的优势消灭齐国。这样一来，"得寸，则王之寸；得尺，亦王之尺也"，既不至于

使自己的战果落入他人之手,又能分化瓦解抵抗势力,逐步推进,这就是所谓的"远交近攻"。

范雎提出的这个策略,成了秦国吞并其他诸侯国的基本战略。秦国正是在"远交近攻"思想的指引下,南征北战四十余年,才统一全国,独霸中原的。

知识链接

范雎的结局

范雎为人睚眦必报,掌权后先羞辱魏使须贾,之后又迫使魏齐自尽,然后举荐郑安平出任秦国大将,王稽出任河东太守,以报其恩。公元前262年,长平之战爆发,秦赵两军对垒三年后,范雎以反间计使赵国起用无实战能力的赵括代替廉颇为将,使白起大破赵军。范雎因妒忌白起的军功,借秦昭王之命迫使白起自杀。此后秦军遭诸侯援军所破,郑安平降赵,之后王稽也因通敌罪被诛。范雎因此失去秦昭王的宠信,不得不推举蔡泽代替自己的位置,辞归封地,不久病死。

<智慧点津>

范雎是个"一饭之德必偿,睚眦之怨必报"的人,这种有恩必偿、有仇必报的君子,活在世上洒脱坦荡、淋漓痛快。至少,他没有做作和伪装,没有曲意的掩饰和空泛的说教,有的是敢作敢当的豪气与君子之气。范雎人生中最大的败笔,一是妒杀大将白起,二是任人唯亲,提拔亲信。他提拔郑安平和王稽,这两人非但没有在位上尽心尽力建功立业,反倒成为秦国的败类,他们的所作所为是范雎淡出政坛的直接原因。

客观说来,作为相国的范雎对秦昭王披肝沥胆、忠心耿耿,有目共睹,而秦昭王对范雎的信任与袒护,也是无以复加的事实。秦国有了范雎,是秦国的荣幸,正是因为有了像商鞅、范雎、白起这样的人,秦国才能够完成统一六国的霸业。在战国诸多叱咤风云的英雄豪杰中,范雎算是一位充满了戏剧性而一言难尽的人物。

低调之士

——鲁仲连一箭书信退燕兵

鲁仲连是战国末期稷下学派的代表人物，也是颇有名气的平民思想家、辩论家和卓越的社会活动家。他善于出谋划策，常周游列国，为各国排忧解难。最为难能可贵的是，他高风亮节，面对高官厚禄的诱惑从不动心，坚持游历四方，济贫扶弱，很有侠士风采。

鲁仲连能言善辩，但为人却很低调，不愿入仕，这与其他一些纵横家完全不同，令人十分敬佩。

鲁仲连却秦振英声

鲁仲连是齐国人，生性淡泊名利，虽然有一身本领，却不愿去讨君王们的欢喜，他只想做个隐士。在齐国，有一个叫田巴的人，是个有名的辩士，谁也说不过他。当时鲁仲连还小，只有十二岁,却敢与田巴辩论,对他说道:"先生辩术既然这么厉害,现今楚国驻军南阳,赵国攻伐高唐,燕军派十万人围住聊城。齐国都已经危在旦夕了,你又有什么好的计谋呢?你要是没有办法,就不要在这里口若悬河,要是你离开稷下学宫,想必外面的人都会讨厌你的,所以请先生还是不要再说了。"鲁仲连说得比较客气,田巴被他说得无地自容,很是下不来台,说道:"你说的真有道理,我以后不再说了。"短短几句话就让有名的辩士闭口,可见他少年时就有过人的才学和智慧。

秦将白起在长平坑杀赵军四十万人后,秦王又派人继续发兵攻打赵国都城邯郸,平原君一看赵国危在旦夕,就向魏国求救。魏王开始时要派军队去救,但是后来知道了秦国来者不善,就只派新垣衍一人去赵国,做做样子。新垣衍见到赵王后就说道:"秦国要攻打邯郸,是因为齐国与赵国联合起来对付它,秦齐原本约定共同称帝,但现今齐国已经衰弱,只有秦国才能称霸天下。我看秦国这一次来并不想要灭掉贵国,只要你们拥戴秦王称帝,想必秦国就会撤兵的!"

>知识链接

新垣衍

新垣衍,又作辛垣衍,是战国时期魏国的将军。长平之战后,秦为称帝,扩张疆土,包围了赵国都城邯郸,魏安釐

> 王得到这个消息后急忙派大将晋鄙火速驰援赵国。秦昭王得知后，写信恐吓魏王，扬言谁救赵国就先攻击谁。魏王收信后救赵国的决心发生动摇，不敢贸然采取行动，便派新垣衍秘密潜入邯郸，想通过赵国的相国平原君赵胜说服赵孝成王一起尊秦为帝，以屈辱换和平，以解邯郸燃眉之急。鲁仲连与新垣衍展开一场辩论，力陈尊秦称帝的利弊，新垣衍初则大为恼火，后来终于大梦初醒，不敢再提帝秦之事。

这是魏王的主意，他不想派兵，当然就这么说了。其实，秦国的野心远不是为了一个纯粹的帝号，秦国是想发展壮大，消灭敌对力量。平原君和赵王还真相信了，都十分犹豫：到底要不要这样做呢？

此时鲁仲连来到赵国，他听说新垣衍劝说赵王尊秦恢复帝号，就自告奋勇地找到平原君，问道："听说新垣衍要赵王尊秦恢复帝号，您是怎么想的？"平原君无奈地叹息道："我怎么敢反对，在长平我们损失了四十万士兵，那可不是小数目！现在秦军又围攻邯郸，我们也没有办法啊！"他这话说得很明确，就是要按照这个意思办了。

鲁仲连有些鄙夷，说道："我以为您是天下的贤人，可是现在才知道您也没什么不同，让我去找新垣衍吧。"于是平原君带他找到了新垣衍。鲁仲连见到新垣衍后，却一句话也不说。新垣衍觉得有些奇怪：你不是找我吗，不说话是为何？于是他先开口说道："这里的人几乎都是有求于平原君的，但我看先生不像这样的人，为何不快点离开这是非之地呢？"

鲁仲连这才开口答道："我这一趟来邯郸，不是有求于平原君，而是希望能帮助赵国攻秦。"新垣衍不以为意，心想以个人的力量去帮助赵国攻打秦国，不是做白日梦吗？不过他表面上却没这么说，而是平静地问道："既然如此，你又打算怎么帮助赵国呢？"

鲁仲连郑重地说道："我会让魏国、燕国出兵相救，那么齐国、楚国自然也会出兵。"新垣衍听了就更摸不着头脑了，问道："就算先生能说服燕国出兵，可我是魏人，先生又如何说动魏国呢？"

"魏国没有看到秦国称帝的危害，所以才没有出兵相救，如果魏国能认识到秦称帝的危害，必然会相救的。"鲁仲连自信满满地说道。

新垣衍一脸疑惑，这秦称帝能有什么危害？鲁仲连看出了他的不解，说道："当初齐威王施行仁义，率天下诸侯去朝奉周室，可只有他一人去了。后来周王驾崩，唯独齐威王去晚了。周太子就发怒，要杀了齐威王，齐威王也很愤怒，大骂周室。后来人们都知道齐国朝见周室，并非出于本心，齐威王在周王活着的时候去朝见，而死后就大骂，现在的天子也不过如此。一个称号有那么重要吗？"

鲁仲连点到即止，新垣衍反应也快，将之前的事都联想了一

番，意识到原来这小子是想要他们帮助赵国，秦国根本不只是为了一个称号来的。他说道："先生没有见过主仆走在一起吗，数十人跟着一人，难道是打不过主人，还是智慧及不上他？恐怕是畏惧主人的缘故。"

鲁仲连有些生气，这家伙竟然跟他打起比喻来。鲁仲连也不跟他打哑谜了，怒道："难道魏国就自比秦国的奴仆吗？"新垣衍不以为耻反以为荣，点头称是。鲁仲连一听，不发火都不行了，喝道："那我就让秦王把魏王剁成肉酱，然后煮了吃掉！"

新垣衍也不高兴了，不过他还是克制住了，询问说："你说话也太过分了，你说说怎么让秦王杀了魏王？"鲁仲连听他发问，态度也缓和下来，给他说了很多历史故事，大意是与虎谋皮，讨好一些昏庸的帝王，下场都很惨，晓之以理，动之以情，又说了眼前秦国和魏国的关系，帮助秦国称帝，只会让魏国更危险。

新垣衍听后佩服得不得了，说道："我开始以为先生是个平凡之人，哪知先生是为了天下。我现在就回国，不敢再说尊秦称帝的事情了。"

鲁仲连成功地说服了新垣衍，秦王得知后十分吃惊，认为赵国有如此能人，绝不可大意。这时，魏国、楚国的援军到达赵国，三国联军攻秦，最后秦军大败。平原君想封鲁仲连做官，他坚决不接受。面对平原君的千金赏赐，他也无动于衷，悄然离去。

鲁仲连的辩才十分厉害，几句话就让魏国不再尊秦为帝，但是他更厉害的是一封书信就能让人自杀。

一箭书信直抵千军

齐国曾被燕国打得只剩下两座城池，在田单复国前，鲁仲连曾帮助田单书取聊城。田单虽然帮助齐国复国，但是在反攻的时候也遇到了很多阻力，当他攻打聊城久攻不下的时候，鲁仲连前来助阵，给燕国的守将写了一封劝降信，并把它用弓箭射入聊城。

信中这样写道："我听说，智者不背时而弃利，勇士不避死而灭名，忠臣不先身而后君。现在你因为一时之念，就不顾燕国没有良臣，这是不忠；灭掉聊城，却没有令齐国惧怕，这是不勇；功名败灭，后世无人知晓，这是不智。"而后信中又写道："现在燕军的处境非常危险，燕国已不能自顾，不会再派救兵，当今之时，只有投降才能解救你们！也许齐国人会慈悲地放你们一条生路，否则只有死路一条！"燕将看过信后，犹豫不决，他想要回到燕国，却怕因此而被燕王和国民痛恨，说不定也会被当成逃兵处死；如果投降齐国吧，自己曾经杀齐人无数，必定也活不下去。最后他悲痛地长叹一声："与其让别人杀我，还不如自杀！"说完便自杀了。

燕将一死，聊城内的燕军无首，乱作一团，齐军趁机杀进去，夺回聊城。鲁仲连的这封信，言辞犀利，利害分明，这不像一封劝降信，倒像是一张催命符。

田单认为鲁仲连在攻占聊城时功劳最大，因此报告齐王。齐王也大为赞赏，想给鲁仲连加官晋爵。鲁仲连知道后说："吾与

富贵而诎于人，宁贫贱而轻世肆志焉。"大意说的就是，为了享受富贵而受人钳制，哪儿有清贫而逍遥自在好啊！于是他"逃隐于海上"。

<智慧点津>

在鲁仲连的早期活动中，他是以口才超群、谈锋机警的"辩士"形象呈现在世人面前的，但他和一般的辩士有着较为明显的差别。稷下学宫中的人大多务虚谈玄，斗嘴诡辩，将个人思维能力和语言表达能力发挥到极致，而鲁仲连则注意理论联系实际，为现实而辩，为国事而辩。尤为可贵的是他不把爱国挂在嘴上，言必信，行必果，将自己的辩才直接应用到帮助田单收复失地、光复祖国的实践中。晋代左思曾写诗称颂鲁仲连的侠义之举，说他"功成耻受赏，高节卓不群"。在当时的外交舞台上，鲁仲连也时刻以大义为重，扶危济困，仗义执言，一展齐国高士风采。

盗符救赵

——半块虎符引发的血案

战国末期，秦国越来越强大，各诸侯国的贵族为了防御秦国入侵，挽救本国危机，竭尽全力网罗人才。他们礼贤下士，广招宾客，扩大自己的实力，"养士"（包括学士、策士、方士、术士及食客等）之风盛行。当时以"养士"著称的有魏国的信陵君、齐国的孟尝君、赵国的平原君和楚国的春申君，因为他们都出自王公贵族，世人称之为"战国四公子"。其中，名气最大的当首推信陵君魏无忌。

礼贤下士真君子

魏公子无忌是魏昭王的小儿子，魏安釐王的异母弟弟。他虽然为魏国的公子，但是从来不显摆自己的贵族身份，平易近人，很多有才华的士人都不远万里地来投奔他。他府中的食客达到

三千多人，当时其他诸侯国听说公子无忌贤德，宾客众多，连续十几年都不敢出兵攻打魏国。

有一次，信陵君跟魏王正在下棋，突然北方边境传来警报，说是赵国发兵进犯，即将进入魏国边境。魏王立即放下手中的棋子，赶紧召集大臣们商议对策。在一旁的信陵君却淡定地说："只是赵王在打猎罢了，不是进犯边境。"然后继续跟魏王下棋，好像什么事情都没有发生的样子。但是魏王十分惊恐，心思完全无法放在下棋上。过了一会儿，北方又传来消息说："此前报告有误，是赵王在打猎，没有进犯我国。"魏王听后非常诧异，问道："公子是怎么知道的？"信陵君回答说："我的食客中有人能够打探到赵王的秘密，赵王有什么行动，他就会立即向我汇报。"从此以后，魏王畏惧信陵君的贤能，不敢重用他。

信陵君听说魏国都城下有个看门的老头叫侯嬴，这个人家境贫寒，却很有能力，就想把他归入自己的门下，于是亲自带着一份厚礼去拜见他。信陵君说道："先生愿不愿意与我共事？"侯嬴一看信陵君身穿罗缎，却丝毫没有盛气凌人的样子，诚恳地说道："我可以为您效犬马之劳，不过我几十年来修养品德，坚持操守，终究不能因为我看门贫困的缘故就接受公子的财礼，正所谓无功不受禄嘛。"

侯嬴答应得很爽快，于是信陵君就大摆酒席，宴请宾客。等到大家来齐坐定之后，信陵君便带着车马及随从人员，空出车上左边尊贵的座位，亲自驾车去迎接侯嬴，这可以说是无上的礼遇。

侯嬴整理了一下破旧的衣帽，就径直上车坐在了预留的空座上，丝毫没有谦让的意思。信陵君倒也不责怪，反而手握马缰绳更加恭敬了。

知识链接

左右之分

在古代一般是尊右卑左的，成语有"无出其右"的说法，而"左物"是下物，"左迁"为贬官，"左道"为邪道。但在乘车时则正好相反，尊者居左，驾车的人居中，居于右位的为"车右"，职责在于防止车子倾斜或受阻，保护居左尊者的安全，一般由有能力的人担任。后来有成语"虚左以待"。

路程行到一半，侯嬴突然对信陵君说："我有一个好朋友在集市上卖肉，我想与他道个别。"信陵君二话不说，就掉转车头到了集市。侯嬴下车后与他的朋友朱亥相谈甚欢，似乎完全忘记了公子无忌的存在，但是信陵君耐心等待，没有一点焦急之色。

这个时候，魏国的将军、相国、大臣及高朋贵宾坐满堂上，都在等着公子举杯开宴。街市上的人都看到了信陵君为侯嬴驾车，而信陵君的随从们都暗自责骂侯嬴。侯嬴看到公子始终面不改色，便告别朋友上车离开。

到宴后，侯嬴大摇大摆地直接坐在上席，很多人看后都十分

厌恶，但碍于信陵君的面子隐忍不说。信陵君不仅没有责备侯嬴，反而向全体宾客赞扬并介绍了他，满堂宾客无不惊讶。当大家酒兴正浓的时候，信陵君站起来，走到侯嬴身边举杯祝福，侯嬴趁机说："今天我侯嬴为公子也算是尽力了。我本来只是一个看门人，身份卑贱，可是公子屈尊驾车，亲自在大庭广众之下迎接我，又没有怨言地陪我去告别朋友。现在街市上的人都认为我是一个小人，而认为公子您是个能礼贤下士的贤人啊。"宴会散后，侯嬴就成了公子的座上宾。

侯嬴向信陵君推荐说："我所拜访的朋友朱亥，也是一个贤能的人，只是人们都不了解他，所以埋没在屠夫中了。"后来公子多次登门拜访，但都被朱亥拒绝了。

窃符救赵不虚名

公元前257年，秦国军队在长平大败赵国，接着准备进兵围攻邯郸。信陵君的姐姐是当时赵惠文王的弟弟平原君的夫人，多次给魏王和公子送信，请求魏国能出兵相救。魏王本来想派晋鄙将军带领十万军队救魏国于水火之中，可是当秦昭王得知此事后就派使臣告诫说："我迟早会攻下赵国，诸侯中若是有谁敢救赵国的，等拿下赵国后，我一定会调兵先打它。"

魏王十分害怕，也经不起这番折腾，于是就放弃出兵，无论信陵君怎么劝说，都徒劳无功。而那个时候，平原君使臣的车马络绎不绝地来到魏国，转达平原君对信陵君的责备："我赵胜之

所以自愿与公子结亲，正是因为公子品行高尚，能热心帮助他人摆脱危难。如今邯郸危在旦夕，眼看就要为秦国所灭，公子的表现在哪里？再说就算公子不把鄙人看在眼里，难道就不可怜你的姐姐吗？"

信陵君为这件事情忧虑万分，屡次请求魏王迅速出兵，但是魏王畏惧秦国的淫威，始终不肯出兵。信陵君是个重信义的人，他见魏王坚决不肯出兵，就决定率领自己的门客到战场上与秦军拼死一战，与赵国共存亡。

侯嬴听说后，十分冷淡地对他说："请公子保重，我就不跟您一块儿去了。"信陵君没有理会，率众多人马赶往赵国，但是走了一会儿，越想越觉得不对劲。他想自己平日对侯嬴也算礼遇有加，天下无人不晓，可如今这危难时期，他却不跟自己一起涉险。想到这里，信陵君便返回去见侯嬴，问他究竟是怎么回事。

侯嬴见到公子返回来，便笑着说："我就知道公子一定会再回来找我。公子爱好招徕宾客，得名于天下，如今有难，魏国不派兵，您就带着区区几个人、几辆车去与秦军作战，这不会有丝毫的效果，把这些人送到战场上，无异于羊入虎口。"信陵君也意识到自己太过意气用事，便向侯嬴询问对策。

侯嬴让旁人离开，同公子秘密交谈，说道："我听说能指挥晋鄙军队的虎符放在魏王的卧室内，在妻妾中如姬最受宠爱，她能随便进出魏王的卧室，只要尽力一定可以把兵符偷出来的。我听说如姬的父亲曾被人杀害，三年都没有找到凶手，如姬非常想

报仇却迟迟不能如愿，后来公子帮她报了仇。如姬一直想找机会报答您，如果这次公子开口相求，她一定会答应的。只要拿到虎符，就可以调动十万军队去解救赵国了。"

知识链接

虎 符

兵符因造成虎型，所以又别称虎符，是古代传递命令或调兵遣将的凭证。虎符最早出现在春秋战国时期，相当于宰相的大印，但军队的掌控权要比宰相的权力更为可怕。为谨慎起见，虎符都一分为二，一半放在朝中，由诸侯掌管，另一半放在当地将军的手中，调兵时只有两爿虎符完全相合，才能调动军队。

信陵君听从了侯嬴的计谋，请求如姬帮忙。果然如姬成功地将兵符盗出，交给了他。公子带着兵符准备上路，临行前，侯嬴对他说："将在外，君命有所不受，公子到了那里即使两符相合，验明无错，可是如果晋鄙仍不将军权交给公子反而请示魏王的话，那事情就危险了。您应该带上屠夫朱亥，他是个大力士，如果晋鄙不听从您，就可以让朱亥当场杀死他。"信陵君听了这话，不禁难过地流下眼泪："晋鄙曾为魏国立下汗马功劳，以他的性格是肯定不会听命于我的，那个时候又不得不杀他，这可真让人伤

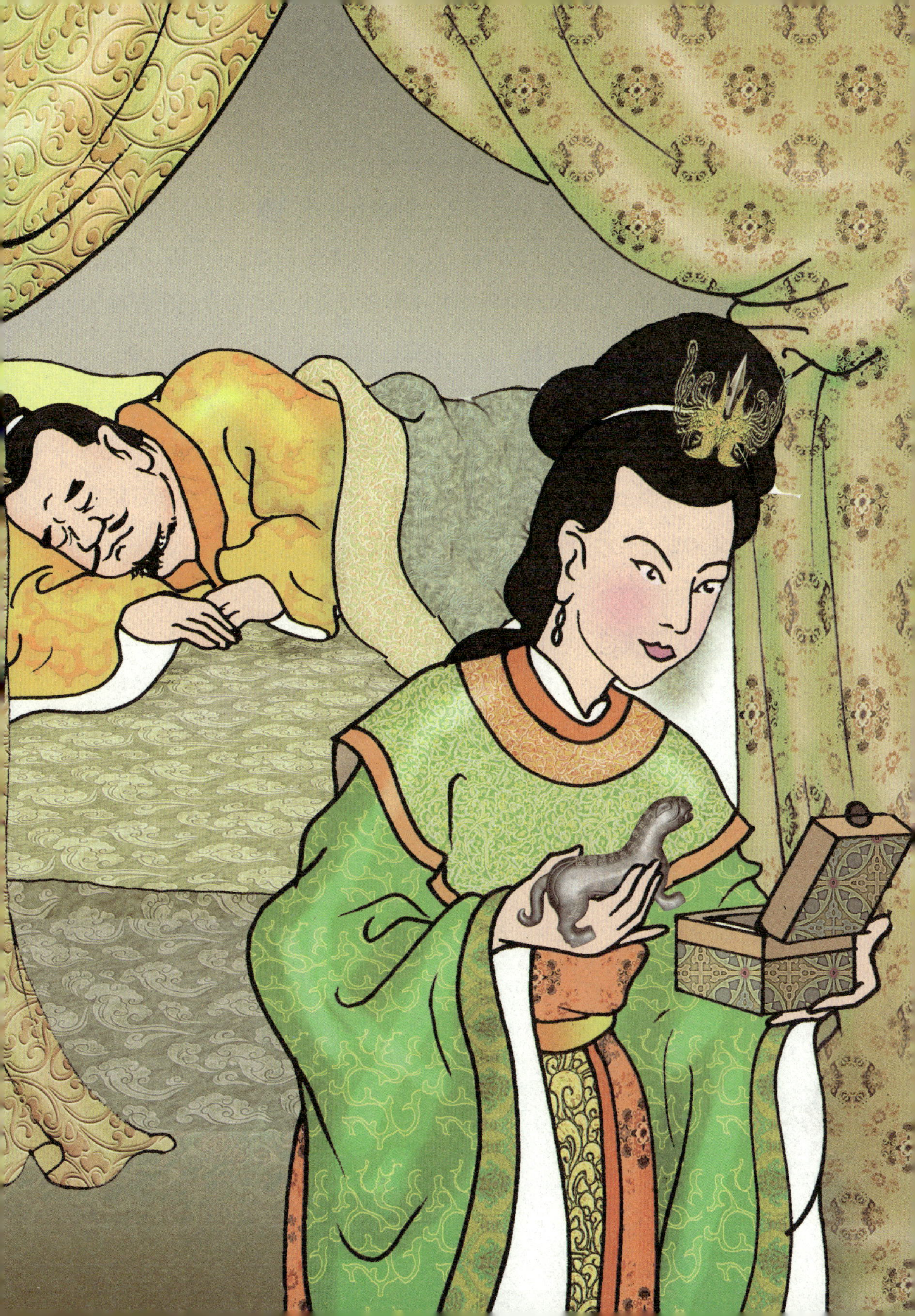

心啊。"不过这也是没有办法的事情。

信陵君找到朱亥，请求他一同前往。朱亥笑着说："我本是街市上一个默默无闻的屠夫，可是公子竟然多次登门拜访，我之所以拒绝您，是因为我觉得小礼小节没什么用处。如今公子有难，该是我为您效命的时候了。"说完，就准备与信陵君一起上路。

信陵君向侯嬴辞行，侯嬴说："我本应该随您一起去赴难，可是我年纪大了，心有余而力不足，不能成行。请允许我计算您行程的日期，等您到达晋鄙军队的那一天，我就向北面刎颈而死，以此来表达我对公子的一片忠心。"

知识链接

如 姬

窃符救赵，如姬是一个关键人物，虽为一介女流，但为了家国大义、报答恩情，将自己的生死置之度外，毅然盗出兵符帮助信陵君救援赵国，提高了魏国的威望和声势，可谓巾帼英雄。可是她的结局并不是很好，当魏王知道实情之后，便杀了信陵君的全家，信陵君之母为如姬受过而自杀。如姬逃出宫后，本可以去投奔信陵君，请求他的保护，但是为了不损害信陵君的声誉，最终选择在其父亲的墓前自杀。

过了几日，公子与朱亥一行到了军中，将兵符拿了出来，假传魏王命令代替晋鄙担任将领。晋鄙果然不照办，他怀疑地问道："我率军十万驻守边关，这是关系到国家安危的重任，可如今您只带了几个随从就要接管我的军队，这让我如何信服，若是大王怪罪下来，我可担当不起，公子还是请回吧。"

看见晋鄙拒绝接受命令，信陵君无奈地叹了口气，给朱亥使了一个眼色。朱亥早已在袖中藏了四十斤重的铁锤，看见公子示意，便突然袭击，猛砸晋鄙的脑袋，可怜一代名将就这样死在了自己人手里。

信陵君向军中下令说："父亲和儿子都在军中的，父亲可以回家；兄弟二人都在军中的，兄长可以回家；没有兄弟的独生子，也可以回家奉养双亲。"经过选拔，最终得到精兵八万，于是信陵君就率领这支队伍赶赴赵国。

秦国与赵国对峙已久，迟迟分不出胜负，双方因长时间的拉锯战都十分疲惫。这时忽有生力军加入战斗，赵军一看是己方的援军，顿时士气大振。秦军不敌，解围离散而去，于是邯郸得救，保住了赵国。这场战役结束之后，赵王和平原君都出来相迎，夸赞信陵君是个仁义的公子。

退秦军威震天下

魏王在知道信陵君盗走兵符、假传君令击杀晋鄙之后恼羞成怒。所以，在打退秦军拯救赵国之后，信陵君和他的门客就留在

了赵国。赵王感激信陵君的义举，于是就和平原君商量，把五座城池封赏给信陵君。听到这个消息后，信陵君露出了居功自傲的神色。门客中有人劝公子说："有些事情是可以忘记的，有些是不得不忘记的。别人对公子有恩，公子不可以忘记；公子对他人有恩，希望您能忘掉它。假托魏王命令，夺取兵权救赵国，这对赵国是有恩的，但站在魏国的角度看，那就不是忠臣所为了。公子如果以此觉得自己有功，觉得很了不起，实在是不应该的。"信陵君听后，立刻责备自己，感到无地自容。

信陵君听说赵国有两个才华出众但是没有从政的人，一个是毛公，藏身于赌徒中；一个是薛公，藏身在酒馆里。信陵君很想认识这两个人，但是他们都躲起来不肯相见。后来信陵君打听到他们二人的住所，悄悄地与他们交往，彼此都以相识为乐事。平原君知道了这个情况，就对他的夫人说："当初我觉得夫人的弟弟是个举世无双的大贤人，没想到现在他居然胡来，跟赌徒、酒店伙计们来往，真是个无知妄为的人。"

平原君的夫人偷偷地把这话告诉了信陵君，他听到后就向姐姐告辞准备离开赵国。他说："以前我听说平原君贤德，所以背弃魏王而救赵国，满足了平原君的要求。如今才知道他与人交往，只是显示富贵的举动罢了，哪里是在求贤下士呀！我在大梁时，就听闻了那两个人是贤才，唯恐不能早日见到他们，但平原君竟然把跟他们交往看成是一种耻辱，这个人不值得结交。"于是就整好行李准备离开。平原君听到这些话之后自感惭愧，亲自向信

陵君赔礼道歉，坚决把信陵君挽留下来。平原君的门客们听说此事后，有一半人离开他，归附到信陵君的门下。

信陵君在赵国一待就是十年。秦国听说信陵君在赵国，就把进攻的矛头转向了旁边的魏国。魏王为此事焦虑万分，就派使臣请信陵君回国。信陵君仍担心魏王因为之前的事情怪罪自己，就告诫手下的门客说："有谁敢为魏王使臣通报传达的，处死。"由于他的门客们都是背弃魏国来到赵国的，自然都不敢劝公子回魏国。

这时毛公和薛公去见信陵君，说："公子您之所以在赵国受到尊重、扬名于诸侯间，都是因为有魏国的存在啊！现在秦国进攻魏国，魏国危急而公子毫不顾念，如果秦国攻破大梁把您先祖的宗庙夷为平地，公子还有什么颜面活在世上呢？"话还没说完，信陵君的脸色立即变了，赶快嘱咐车夫备驾赶回去救魏国。

魏王见到信陵君不禁相对落泪，分别多时，兄弟二人早已冰释前嫌。魏王把上将军大印交给了信陵君，信陵君派使臣把自己担任上将军职务并请求出兵帮助魏国一事通报给各个诸侯国，诸侯们得知后都各自调兵遣将救援魏国。信陵君率领五个诸侯国的军队大败秦军，进而乘胜追击，把秦军压制在函谷关内。

信陵君的声威震动天下，各诸侯国来的宾客纷纷进献兵法，于是信陵君把它们整合在一起，就成了史上俗称的《魏公子兵法》。

< 智慧点津 >

从《史记》的描述和评价中，可以看出司马迁是非常推崇信陵君的，"能以富贵下贫贱，贤能诎于不肖，唯信陵君能为之"。

信陵君的公子身份托起了他在魏国的威望，但他并不炫耀其出身，而是宽厚从容、谦和礼让。富贵而骄的人到处都是，但他能放下身段真诚地礼贤下士，就足以对得起这个"君"字。他的后半生令人惋惜，兄弟之间的猜忌使得魏国失去了这根顶梁柱。他功高盖主，历史上帝王诛杀功臣大多缘于此因，信陵君看透了这一点，故自愿放弃军政大权而客居他乡。魏国终究走向衰弱，但后世人对信陵君的推崇始终没有变。因为他身上拥有的不仅仅是一个公子的才能，更拥有帝王般的海量胸怀。

田文养士

——鸡鸣狗盗之徒也能派上大用场

田文即我们所熟知的"战国四君子"之一的孟尝君。在那个养士之风盛行的年代,四大公子都通过不同的手段拉拢各色人才,在这方面,孟尝君做得最为突出,来者不拒。在他眼中,很多奇人异士,或许并没有什么特别出众的才华,但总有自己一技之长。正因为这样,一些鸡鸣狗盗、土鸡瓦狗之流也争相投入孟尝君的门下。因此,孟尝君招揽了各国各类人才,构建了庞大的人脉网络。据说最多时,其门客一度达到三千余人。

烧契据薛邑市义

孟尝君田文是齐相田婴的小儿子。在老爸去世后,他继承了爵位,凭借自己过人的智慧和手腕荣登相位。他的门客非常多,不过他都以礼相待,正是有了这些门客的帮助,让他作出很多正确的选择,甚至捡回一条命来。

知识链接

少年孟尝君

孟尝君田文是五月出生的，古人都迷信，认为五月生的小孩，男克父，女克母。他老爸田婴就让田文的妈妈将这孩子给除掉。可是母子连心，哪有一个妈妈会亲手杀掉自己的孩子呢？所以，田文的母亲就把他藏起来，偷偷地将他养大成人。

当田文长大后，他的妈妈就带着他去见田婴。田婴知道这就是当年五月生的孩子时，便对田文的妈妈发怒。按理说田文应该躲得远远的，但他居然对他老爸讲起道理来了："你为什么不要自己的儿子呢？"田婴说五月生的孩子不吉利。后来田文又问了很多话，田婴都回答不上来，于是田文利用这个机会展示了自己雄辩的口才和过人的胆识，让田婴逐渐改变了对他的看法。后来田文又向他老爸提出了一些有关政治的独到见解，便越发受到器重。田婴慢慢地让田文主持家政，接待宾客，他的名声也随之传播到其他诸侯国中。各诸侯国都派人请求田婴立田文为世子，田婴答应下来。于是在田婴去世之后，田文就顺理成章地继承了爵位。

孟尝君是个交际能手，在诸侯国之间也有很大的影响力。他为人谦和，对于那些来投奔他的人都一概收留，作为他奉养的门客。千万不能小看了这批门客，战国时的门客可不是养着聊天好玩的，而是在关键时候能帮到大忙的人。

一个叫冯谖的人家境十分贫困，他听说孟尝君为人豪爽，对门下的食客毫不吝啬，便前来投奔。孟尝君看他那副打扮，脚穿草鞋，腰里系着一把剑，连剑鞘也没有，知道是个穷苦人，就问他："先生找我有何见教？"

冯谖说："我穷得活不下去，到您这儿混口饭吃。"

"那你有什么本事呢？"

"我什么本领也没有。"

孟尝君笑了起来，说："那你就先住下吧。"孟尝君手下的人看冯谖这么穷，好像又没什么过人之处，都看不起他，把他安排在下等房间里住，只用粗茶淡饭来招待。

几天后，冯谖弹唱道："长剑归来兮，食无鱼。"手下的人把这件事告诉孟尝君。

孟尝君听说后就知道他在嫌生活水平不够高，便说："既然这样，那就用中客的标准招待他。"原来，孟尝君招待门客有三种标准，上等吃肉，中等吃鱼，下等吃菜。

冯谖吃上了鱼，应该高兴才是，可是没过几天，他又唱道："长剑归来兮，出无车！"孟尝君听到后，没有意见，又一次满足了他，还用上等的标准招待他。可是过了几天，冯谖还唱着："长剑归来兮，不能养家！"身边的人听到后，都认为他这个人过于贪婪，不知道满足，于是就将这件事添油加醋地告诉了孟尝君。孟尝君知道后没有表示什么，而是亲自找到冯谖，关切地问道："你有

亲人吗?"冯谖说:"我还有一个年迈的母亲。"孟尝君二话不说就派人安顿好他的母亲。从这以后,冯谖再也没有唱歌。

孟尝君手下的门客不少,时间一长,他也渐渐地忘记了冯谖这个人。当时孟尝君正任齐国的宰相,受封于薛邑,他的食客有三千多人,食邑的赋税收入不够供养那么多食客,于是就派人到薛邑贷款放债。由于那一年收成不好,借债的人多数不能付给利息,食客的需用将无法维持。面对这样的情况,孟尝君焦虑不安,就问左右的侍从:"谁可以去薛邑收债?"冯谖知道后,觉得自己报恩的时候到了,就主动请求前去,孟尝君答应下来。冯谖临走前问孟尝君:"我需要带什么东西回来吗?"孟尝君并不在意,就随口说道:"你自己决定吧!"

到了薛邑,冯谖先索要欠债得到利息十万钱。这笔款项他没有送回去,而是酿了很多酒,买了肥壮的牛,然后把凡是借了孟尝君钱的人都召集起来,要求大家一律带着借钱的契据。等到所有人都到齐后,他便吩咐杀牛炖肉,置办酒席。宴会上,正当大家饮酒尽兴时,冯谖就拿着契据走到席前一一核对,能付给利息的,给他定下期限;穷得不能付息的,取回他们的契据当众把它烧毁。接着,他向大家说:"孟尝君之所以向大家贷款,就是给没有资金的人提供资金来从事生产;他之所以向大家索债是因为没有钱财供养宾客。如今富足的人家有钱还债的按约定期限还债,贫穷无力还债的烧掉契据把债务全部废除。请各位开怀畅饮吧,有这样的封邑主人,日后怎么能背弃他呢!"在座的人都站了起

来，对孟尝君感恩戴德。

做完之后，冯谖回到临淄去见孟尝君。孟尝君见他这么快就回来了，疑惑地问道："你怎么这么快就回来了，债都收完了吗？"冯谖点头称是。孟尝君问他买了什么回来，冯谖神秘地一笑，对孟尝君说："我看您什么也不缺，就缺少一个义字，所以我就为您买了义。"

孟尝君不解，冯谖继续说道："您现在拥有薛邑，可是不关爱百姓，所以我假托您的名义，富裕的人就给他们限定还款期限；贫穷的，即使监守催促十年也还不上债，时间越长，利息越多，到了危机时刻，就会用逃亡的方式赖掉债务，到时候人们会认为您贪财好利不爱惜平民百姓，我烧毁毫无用处的债据，是让薛邑的平民百姓信任您，彰扬您善良的好名声啊！"孟尝君听后，拍手连声叫好。

一年之后，齐湣王当政，受到秦国和楚国挑拨言论的蛊惑，认为孟尝君的名声压倒自己，独揽了齐国大权，不想再让孟尝君继续为相，于是就委婉地向孟尝君说了此事。孟尝君也是个明白人，便辞去了相位，回到封地薛邑。薛地的百姓看到他回来了，纷纷出门夹道欢迎。这个时候孟尝君终于体会到冯谖的良苦用心，笑着对冯谖说："先生为我买的义，我总算看到了。"

狡兔三窟的由来

冯谖对孟尝君说："狡兔三窟，才能免于一死，现在您只有一窟，还不能高枕无忧，我还要再帮您造两窟。"孟尝君对他很是信任，便欣然同意了。

冯谖坐车来到魏国，对魏惠王说道："现在孟尝君被齐湣王逐回薛邑，哪个诸侯要是能得到他，一定可以使国家富强！"魏惠王也听说过孟尝君这个人很厉害，就将宰相封为上将军，把相位空着来等他。魏惠王派遣使者带着重金三次去请孟尝君，孟尝君听从了冯谖的建议，坚决推辞不去。

这件事情很快就传到齐湣王那里去了，他生怕孟尝君去了魏国，于是立即派人去请孟尝君，还带着黄金千斤和齐湣王的一封请罪信。孟尝君再次听从冯谖的劝告，请来了先王的祭器，在薛地立起宗庙，然后才回到临淄为相。这时，"三窟"才算是大功告成，孟尝君已没有后顾之忧。

后来，秦昭王听说孟尝君十分贤良，想请他到秦国为相。第一次邀请的时候，苏代劝说孟尝君不要去，孟尝君听从了苏代的建议。当昭王第二次请他入秦时，苏代已经离去，于是孟尝君就带着门下的食客去了秦国。

知识链接

苏 代

苏代即苏秦的弟弟，他看到哥哥在七国间采取分化拉拢的手段实现了志向，也发奋学习纵横之术。苏秦因反间计而死，他为了燕国而破坏齐国的大量事实也被披露出来。齐国听到这些秘密后非常恼恨燕国，燕王很害怕。于是苏代就去求见燕王哙，打算承袭苏秦的旧业。苏代先事燕王哙，后事齐湣王，后来回到燕国时正好赶上子之之乱，就又回到齐国，后至宋国，联络各国合纵，倡导合纵联盟。苏代得终天年，声名在诸国中显扬。

鸡鸣狗盗离险境

孟尝君是齐国人，在秦国没有心腹，秦人自然而然就会排挤他。有人趁机在秦昭王面前说道："孟尝君是齐国人，又曾经在齐国为相，他在秦国恐怕会先考虑齐国的利益，然后才是秦国，大王可要三思啊！"昭王认为那人说得很有道理，要是孟尝君像个间谍那样为齐国着想，可如何是好。于是，昭王就将孟尝君囚禁起来，准备杀了他。

此时孟尝君才意识到问题的严重性，有人给他出了个主意，建议他派人找到昭王最宠爱的妃子，请求她的帮助。孟尝君也没有什么其他办法，只好试试看了。那个妃子比较贪财，她要孟尝君的白狐皮大衣作为交换条件，孟尝君确实有一件狐皮大衣，但早已在入秦的时候就送给昭王了。

就在这时，孟尝君门下食客里有一个偷过狗的人主动站出来，对大家说道："我能将那件狐皮大衣偷出来，你们就等着我的好消息吧！"于是这人在夜里悄悄地潜入宫中，果真偷出了大衣，送给了昭王的宠妃。妃子见到自己梦寐以求的白狐皮衣，高兴得嘴都合不上了，在昭王面前替孟尝君求情。忠言终究比不上

枕边风，秦昭王听后就将孟尝君放了。

孟尝君觉得秦地不宜久留，乔装打扮一番，就带着门客准备连夜逃走。秦昭王素有不讲信用的前科，在当晚就后悔放走了孟尝君，急忙派人去追捕。他听说孟尝君已经走远，便让人快马加鞭地追，同时派人通知函谷关的守卫严格搜查出城人员。

此时，孟尝君一行已经到了函谷关，只见城门紧闭，守城的士兵说天亮之后才可以放行。

古时以鸡鸣定为天亮，孟尝君十分焦急，怕人追上来。他的门客里有个学过鸡鸣的，这个人在关键时刻还真的起了作用。他学着公鸡打鸣的声音，结果引起附近公鸡齐鸣，守关的士兵误以为已经天亮，便打开了城门，孟尝君一行惊险地逃过一劫。

知识链接

孟尝君因为一句话就杀人

孟尝君一行逃出秦国后，来到了赵国地界。此时，孟尝君忽然萌发了想要见一见素未谋面的赵国名人平原君的念头，于是他们一行便来到了平原君的封地。

在得知孟尝君到来的消息之后，周围近百里的赵国人都纷纷来到平原君所在的城池，在城门里外以及城内街道的两侧等待孟尝君从平原君府中出来，一睹真容。然而，当孟尝君一行出来之后，现场出现了极为怪异的一幕——凡是孟尝

君经过的地方，街道两旁的人群中都发出了一阵阵嘲笑之声："始以薛公为魁然也，今视之，乃眇小丈夫耳。"很多人还对着孟尝君指指点点。原来，他们发现自己仰慕已久的偶像级人物孟尝君，竟然是一个又矮又瘦的小男人，与他们心目中的那个高大魁梧而又帅气的形象有着天壤之别。

孟尝君心中顿生怒火，当即下令让门客对嘲笑自己的赵国人大开杀戒。片刻之间，他的门客就斩杀数百赵国人，然后一句话也没留就走人了。这件事可以说成了孟尝君人性中的一个污点。

回国之后，迫于舆论的压力，齐湣王又将相位给了孟尝君，但是齐湣王一直都对孟尝君不信任。在灭掉宋国之后，齐湣王变得更加骄横起来。为了防止孟尝君夺权，暗中一直秘密寻找借口要除掉他。

当孟尝君得知这个消息之后，连夜逃到了魏国。不久之后，燕国为了报复之前的灭国之仇，发兵攻打齐国。魏国听到这个消息之后，立即任命孟尝君为魏相，让他亲自去联合秦赵两国，与燕国组成多国部队去攻打齐国。

孟尝君没有推辞此事，反而全力以赴。最后，齐湣王死于楚国人手中，而孟尝君自己的祖国——齐国，却差点儿亡国！

田文养士

<智慧点津>

孟尝君是一个复杂的历史人物，历来对他的评价也是见仁见智。人们称颂他养士，这固然有他平易近人、真诚开朗的个人美德在里面，值得今天的人们在人际交往上学习效仿。但他的养士，一是当时的社会风气使然，有沽名钓誉之嫌；二是养士的目的不纯，有结党营私、培植个人势力之实；三是养士范围过大，不加选择，属藏污纳垢、包庇罪恶之举。更重要的是，在处理个人利益与国家利益方面，孟尝君无疑是个反面典型。其一生的行为除了在合纵抗秦上稍许值得称道外，其他方面对齐国的强盛并没有什么实质性的益处，而且其卖国行为更是广为众人诟病。荀子评价孟尝君是"上不忠乎君，下善取誉乎民，不恤公道通义，朋党比周，以环主图私为务"的"篡臣"，基本上是符合史实的。

黄歇相楚

——一世精明却死于大意的楚国公子

黄歇是战国末期楚国人,即赫赫有名的"战国四公子"之一的春申君。他出身于楚国贵族家庭,早年周游列国,见多识广且能言善辩。楚考烈王登基后不久,任命其做相国。黄歇既有经世济国之才,又有忠君爱国之德,才华与人品举世闻名。公元前257年,黄歇率领楚军与魏军、赵军一起反击秦军,解了邯郸数十万秦军之围,迫使秦将郑安平兵败投降,秦灭六国的进程受到阻碍,楚国得以暂时摆脱秦国的威逼。

春申君之说秦王

黄歇年纪轻轻就开始云游天下,多方学艺,见多识广,常以功勋卓著的纵横家苏秦为榜样,鞭策自己奋发向上,谋求功名。在多年的求学生涯中,黄歇不仅认认真真地读了很多书,还一直

关注时局的变化，形成了自己的独到见解。

几年以后，黄歇认为自己的本事足以建功立业了，就返回楚国，求见当时的国君楚顷襄王，以精湛的辩论术和敏捷的才思博得了楚王的青睐。

公元前278年，秦昭王派大将白起攻打楚国，楚都郢被攻破，楚顷襄王不得不迁都到东边的陈县（现在的河南淮阳）。楚国害怕秦国继续攻打下去，只好派能说会道的黄歇前去秦国求和。

这时，秦昭王已经下令让白起联合韩国、魏国攻打楚国，志在吞灭楚国。黄歇刚到秦国就听到了这个紧急消息，他立即求见秦昭王，说道："秦国、楚国乃最强的两国，两强相争对双方的国力都会有损伤，让韩、赵、魏、齐诸国坐收渔翁之利。与其这样，不如两国联合共同对付其他国家。况且秦国现在已经占领天下一半的领土，这样的国家自古以来没有过。只要秦国打到哪里，哪里就会投降，各国诸侯更是对秦国闻风丧胆。我想大王如果能停止攻伐、施行仁义的话，天下之人都会对您感恩戴德，即使齐桓公等人也比不上您。"秦昭王是个有为的君王，当然了，也非常有野心，哪里能够听进这些话！

黄歇也知道这些还不足以让秦王撤兵，又硬着头皮继续说道："如果大王您真的要以武力解决的话，恐怕会有后患，什么事情都有个开始，但是很少会有圆满的结局。当初智伯攻打赵国，但没有看到隐患，才会被韩、赵、魏三国联手灭掉。而吴王夫差就因为相信越国，才会出兵攻打齐国和晋国，最终导致被越国灭

掉。现在大王您要攻打楚国，假如灭掉楚国，必定会使韩国和魏国强大起来。现在韩国、魏国虽然亲近秦国，实际上他们也像越国对吴国一样，对秦国表面上十分恭敬，但背地里总想要反击。想想秦国与这两个国家打了上百年，结下的冤仇也很深了，他们不一定忘了这样的仇恨，只是现在实力不够，不敢与大王反目，所以我认为秦国不应该派出庞大的军队去攻打楚国。"

这一番话总算是说到点子上了，秦昭王哪里会不知道。他暗想道：与韩国和魏国的仇恨也不是一天两天了，要是真攻打楚国，这两个国家没准真的会趁机攻打过来，那可如何是好？

不过秦王也不是太在意，有这样消灭楚国的机会他怎么会轻易放过？至于韩、魏两国，只要自己多加防范，谅他们也闹不出什么惊天的大事来。

黄歇将重点放到了韩国、魏国的身上，秦王的注意力也跟着转移。打铁要趁热，于是他继续说道："如果大王想要攻打楚国，要从哪里攻起呢？难道向韩国和魏国借道吗？如果这样，恐怕大王的军队就再也回不来了。您把这些军队白白送给韩国、魏国，他们是不会让秦军顺利到达楚国的。如果大王不从韩国、魏国借道，就要从楚国西部的高山开始打，那里很多地方都是高山险谷，从不生长粮食作物，易守难攻，就算攻下来也没有什么利用价值。在那里，秦国和楚国必定会有一场恶战，而赵国、魏国、韩国、齐国四国可都跟秦国有仇啊，能浪费这样一个好机会吗？如果他们联合起来攻打秦国，那么到时候危急的就不再是楚国，而将是

秦国了。"

秦昭王听了这番话，就决定命秦军退兵，与楚国结盟修好。楚国终于躲过一劫，得以休养生息，这是黄歇首次展现他杰出的政治和外交才能。

舍身遣太子归楚

黄歇从秦国回来后，又受楚顷襄王之命陪同太子熊完到秦国做人质。几年后，楚顷襄王病危，秦国却扣留熊完，不让他回国即位。

黄歇事先已经了解到，秦国丞相范雎是熊完的好朋友，于是就借范雎之口劝秦昭王："楚顷襄王时日不多，如果让熊完回国当国君，他肯定对秦国感激不尽，日后一定回报秦国；如果扣留熊完以胁迫楚国，楚国可以将别人推上王位，再与秦国相抗，到那时秦楚联盟破裂，即使扣留熊完也对楚国构不成威胁。"

秦昭王觉得有道理，决定允许熊完先派人回国探明楚顷襄王的病情，再决定该怎么做。黄歇非常清楚，如果楚顷襄王离世而熊完不能赶回国，那么掌握着朝中大权的楚顷襄王之弟阳文君肯定会立他自己的儿子为太子并让他登上王位，因此黄歇果断地让熊完装扮成楚使的车夫，蒙混过关，回到楚国。他自己则留下来，谎称熊完生病，不接见外客。直到几天以后，黄歇估计熊完已经回到楚国，才对秦昭王如实相告。

秦昭王怒不可遏，恨不得处死黄歇，但范雎劝他从长计议，说如果熊完能登上王位，黄歇就是一大功臣。杀黄歇无益，不如

放他回国，算是做个人情。这番话说服了秦昭王，黄歇得以安全回国。

黄歇回国刚刚三个月，楚顷襄王病亡，熊完登基，是为楚考烈王。第二年，楚考烈王拜黄歇为楚国令尹，封为春申君。

几年后，秦国攻打赵国，赵国都城邯郸被围，形势岌岌可危，平原君亲赴楚国求援。楚考烈王仔细权衡利弊，最后决定背弃秦楚之盟，命春申君统率大军救赵。后来，楚国、魏国、赵国三国联军大败秦军，解救了邯郸。接着，春申君又率兵吞灭鲁国，设其为楚国的郡县并让荀况担任兰陵（现在的山东苍山）县令。这两大军功使春申君声威大震，楚国国力也强盛起来。黄歇在楚国为相期间，广施仁政，不仅重视农业和商业的发展，还改革兵制并取得了显著的成绩。

李园献女诛黄歇

楚国春申君黄歇与齐国孟尝君、赵国平原君、魏国信陵君并称"战国四公子"，门客众多。不过，黄歇的门客中既多争强好胜之徒，也不乏奢华浮夸之辈。

一次，平原君派遣门客拜访黄歇，黄歇将其安置在头等宾馆。平原君的门客为炫耀赵国的富有，头插玳瑁簪子，将装饰有珍珠、宝玉的剑鞘显露在外，然后去拜见黄歇。黄歇门客中的上等宾客则脚穿缀有珍珠的鞋子前来会见平原君的门客，令其大吃一惊，自愧不如。"珠履"的典故即出于此处。

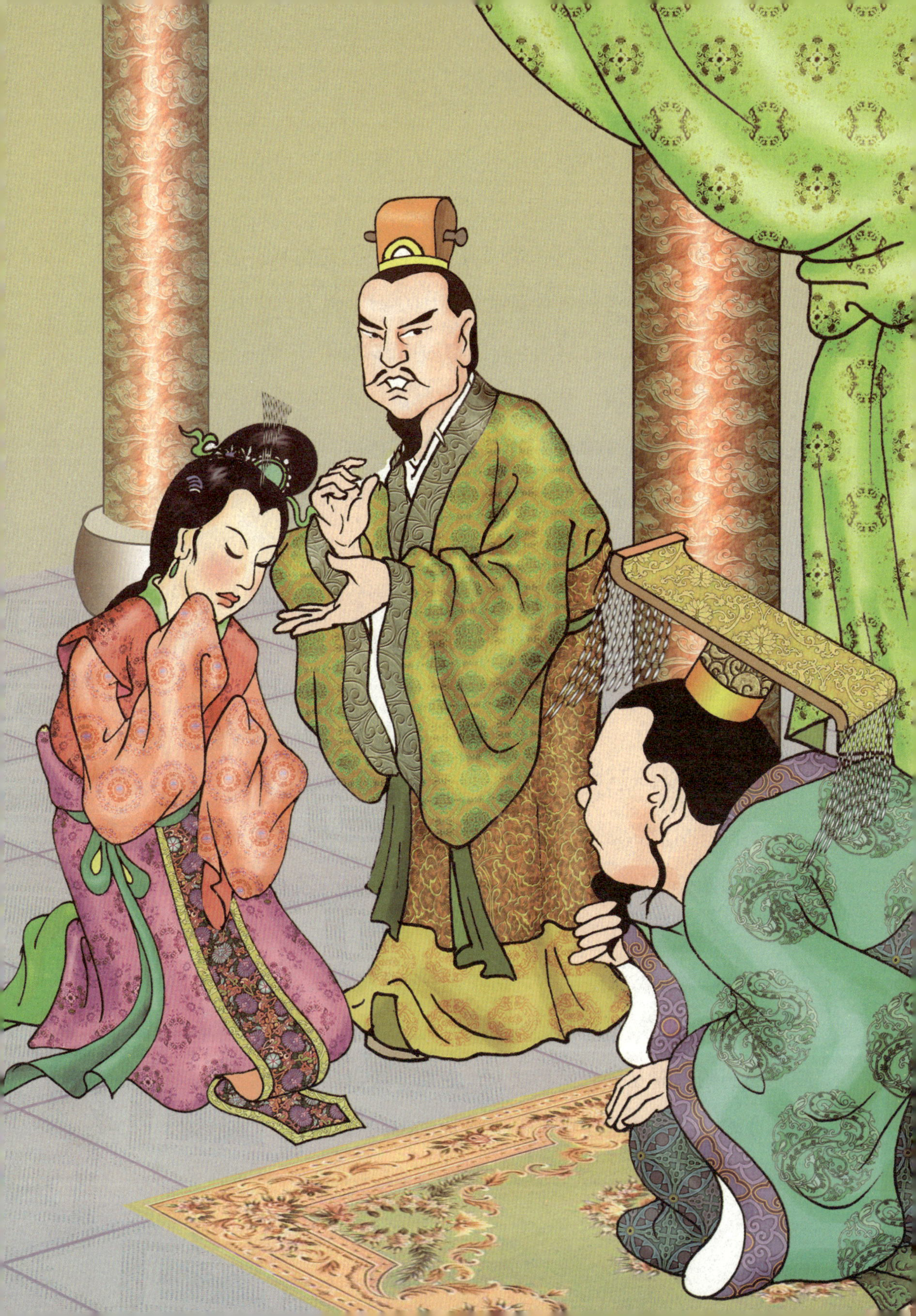

后来，各诸侯国担心秦国称霸中原的野心得逞，于是互订盟约，联合六国兵力征讨秦国，楚考烈王为六国盟约的首领，黄歇主事。于是，六国组成一支浩浩荡荡的"合纵"联军，黄歇以庞暖为主帅，一直攻打到函谷关，秦国以全国之兵出关迎战，最后六国联军败逃，身为主帅的黄歇自然难辞其咎，受到楚考烈王的冷落。

楚考烈王没有子嗣，黄歇为此忧心忡忡。黄歇手下有一个门客叫李园，他的妹妹李嫣很漂亮，嫁给黄歇后不久就怀孕了。李园知道妹妹怀了身孕后，就同李嫣商量了进一步的打算。

李嫣找了个机会劝说黄歇道："楚王尊重您，即使兄弟也不如。如今您任楚国宰相已经有二十多年，可是大王没有儿子，如果楚王寿终之后将要改立兄弟，您又怎么能长久地得到宠信呢？不仅如此，您身处尊位执掌政事多年，对楚王的兄弟们难免有许多失礼的地方，如果楚王的兄弟果真被立为国君，殃祸将落在您的身上，还怎么保住宰相大印和江东封地呢？现在我知道自己怀上身孕了，可是别人谁也不知道。我得到您宠幸的时间不长，如果凭您尊贵的身份把我进献给楚王，楚王必定会宠幸我。到时候我仰赖上天的保佑生个儿子，这就是您的儿子做了楚王。楚国全为您所有，这与您身遭意想不到的灾祸相比，哪个更好呢？"

黄歇认为这番话说得对极了，就把李嫣送出家，严密地安排在一个住所，然后称要进献给楚王。楚王将李嫣召进宫后很是宠幸，后来李嫣生了一对双胞胎，楚王就立长子熊悍为太子，封李

嫣为王后，李园这个国舅顺理成章地掌握了楚国大权。

公元前238年，楚考烈王染病卧床，李园暗中收买刺客暗杀黄歇，以取代他的地位。此事被黄歇的门客朱英得知，将消息告诉了黄歇，可黄歇没有放在心上。楚考烈王死后，李园率先进入王宫，他让刺客埋伏在棘门，待黄歇前来奔丧时将其诛杀。

知识链接

黄歇与上海

《上海地名志》中记载：上海的简称"申"，源自战国时期受封在这里的楚国贵族黄歇。公元前306年楚国灭了越国，吴越之地尽数归于楚。后来，春申君黄歇来到这里，成为当地有历史记载的第一个政治、经济、文化名人。黄歇受封时，黄浦江还是一条无名之河，由于河中泥沙淤积，河床过高，经常泛滥，黄歇带领百姓疏通河道、筑起堤坝，消除了水患。后人为了纪念他，就将这条河称为春申江，简称申江。后来，人们便以"申"代称上海。上海豫园附近的城隍庙，在明朝永乐年间就供奉有春申君的神像，而上海市的松江区，因在春秋时期曾是春申君的牧场，养了很多鹿，因此被简称为茸。

< 智慧点津 >

"以身殉君,遂脱强秦,使驰说之士南向走楚,黄歇之义。"这是司马迁对春申君的综合评价。"战国四公子"中,唯一不是王室出身的就只有黄歇了,但他和楚考烈王的关系如同手足。从和太子时的考烈王一起入秦国做人质,到后来为其谋妻生子(虽然里面有他自己的私心),他付出的不仅仅是对楚王的忠心,更重要的是那种真诚的关怀。可惜才华出众的黄歇,精明一世为楚谋利,然晚年大意,被身边人陷害,真是可悲可叹。

四大刺客

——这些杀手不太冷

春秋战国时期是中国历史上最异彩纷呈的时代,诸子百家,互相辩论,哲学思想大放异彩;游说敌国的辩士,口吐莲花,抵过千军万马。除了文争与武斗外,历史上还有一批人,他们为报恩或替他人报仇,甘愿冒死做杀手,他们不屈服于命运的安排,"明知山有虎,偏向虎山行",这是何等的气概!为了谋杀成功,其策划之阴毒、行事之决绝,实在让人惊心动魄。其中"四大刺客"的故事,更是流传甚广。

最平凡的刺客:专诸刺王僚

专诸是吴国人,长得虎背熊腰、英武有力。在没有出名之前,他就是一个典型的街头小混混,整天打架滋事、惹是生非,只有他妻子来唤他的时候,他才乖乖地回家去。大家都以为专诸是个

"妻管严",其实他妻子手里拿的是他母亲的拐杖,他因为不想让母亲着急生气才跟着妻子回家的。

当时,吴王僚的兄弟公子光野心很大,对于自己没有当上国君一事耿耿于怀,一直在暗中等待时机下手。

在楚平王去世后,伍子胥和公子光一同劝说吴王伐楚,吴王想此事对吴国有利,就答应下来。可是双方一交战,谁也不肯轻易放手,正当前线紧张时,公子光又劝说吴王派兵增援,还推荐吴王僚的儿子前去。因为吴王的儿子庆忌武艺超强,公子光的目的就是将他支走,然后找机会刺杀吴王。

知识链接

伍子胥其人

伍子胥原为楚国人,他的父亲伍奢是楚平王的太傅。因为受到费无忌的谗害,伍子胥的父亲和哥哥都被楚平王杀害。伍子胥逃到吴国后借吴王阖闾之力攻入楚国,为父兄报仇雪恨。吴国在伍子胥等人的辅佐之下成为诸侯一霸,但阖闾的儿子夫差上台后,听信谗言怀疑伍子胥有谋反之心,派人送去一把宝剑,令其自杀。伍子胥临死前对门客和使臣说:"我死后请将我的眼睛挖出来放在城楼上,我要看着吴国灭亡。"果然,在他死后的第九年,吴国为越国所灭。

吴王僚求胜心切，丝毫没有察觉到公子光的野心，于是就派自己的儿子去了前线。公子光十分高兴，心想这下机会来了。伍子胥给他推荐了专诸作为刺客，三个人商量着如何刺杀吴王，这一集思广益，就想到了办法。

吴王僚有一个爱好，就是特别爱吃鱼，公子光就打算以此作为突破口。他对吴王说："现在正是水美鱼肥的季节，我请了一个太湖的名厨，擅长做鱼，可谓是太湖一绝，能吃到他做的鱼也是一种福分啊！他今天就在我的府上，请大王赏脸到那里品尝他的手艺吧。"

吴王僚一听有这等好事，立刻就答应了。可他转念一想，还是有些担忧，等公子光走后，他立刻派人将从王宫到公子光家的道路严密把守，禁止一切闲杂人等进入，自己又穿了几层厚甲，才敢放心大胆地前往。

吴王僚带了很多武士同行，他们都拿着剑在吴王两旁护卫。公子光知道刺杀吴王并不是一件容易的事情，所以他事先在屋子下面藏了好几个精兵，伍子胥又聚集了几百个亡命之徒在城外接应。

公子光和吴王僚欢快地饮酒，浓浓的兄弟情谊也表现出来，旁人无不羡慕他们。可是公子光早已下定决心，不成功便成仁。他不停地敬酒，当看到吴王有几分醉意的时候，便假装说："大王，我这一喝酒脚病就复发，现在痛得厉害，我先去找人看看，一会儿就回来。那条鱼马上就来了，您再等等。"

吴王僚本来就在兴头上，毫无防备之心，答道："去吧去吧！可要快些回来，不然这鱼就要被我独享了！"

公子光见时机成熟，偷偷溜进地下室，把淬毒的短剑"鱼肠

剑"塞进鱼肚子里，让专诸装作厨子把托盘端了上去。

吴王僚还没有见到鱼，就闻到了一阵鱼香，赞叹道："真是好鱼呀！"说着，就想站起来看看这鱼到底如何。他满脑子都想着这色香味俱全的鱼，正考虑从哪里下手，但就在这时，专诸突然一只手伸进鱼肚子里，亮出一把锋利的短剑。吴王知道大事不好，赶紧往后躲闪，可是因为饮酒过多，腿脚不听使唤。专诸更是出手迅速，还没等吴王身边的侍卫反应过来，短剑就刺进了吴王胸前的铠甲，吴王僚当场毙命。

吴王身边的护卫见状，一拥而上杀掉了专诸并把他砍成了肉泥。此时，伍子胥带着大批人马杀进来，藏在地窖里的精兵也钻了出来。吴王身边的武士见后，有的放下武器投降，有的想反抗但很快就被公子光的人杀了。

公子光走了出来，拿起刺杀吴王的那把短剑，如释重负地笑了起来，随后便宣布称王，这就是著名的吴王阖闾。

专诸死后被追封为卿士，算是一种报答。相传无锡大娄巷的"专诸塔"，就是阖闾为葬他修的优礼墓。

知识链接

战国名剑的传说

吴王阖闾共得到越国献给他的三把宝剑，分别是鱼肠剑、磐郢剑和湛卢剑。传说鱼肠剑逆理不顺，臣以弑君、子以弑父，所以用此剑杀了吴王僚；磐郢剑是不法之物，对主人不

亲，所以被他女儿用以自杀；湛卢剑集五金之英、太阳之精，可以临阵抗敌，《吴越春秋》记载它自动离去，从水面掠过到达楚昭王的枕边。

关于阖闾所拥有的宝剑，其中最为知名的当属干将剑和莫邪剑。阖闾为争霸天下，抓来当时最有名的铸剑高手干将、莫邪夫妇，要求他们在百天之内造出天下独一无二的宝剑。王命难违，夫妇俩日夜不停地冶炼，但三个月很快过去了，宝剑仍没有达到炉火纯青的程度。在这紧要关头，莫邪纵身跳进炉中，化作一缕青烟，终于铸成了"干将""莫邪"这一对雌雄宝剑。干将按期将雌剑莫邪剑献给吴王。吴王挥剑试刃，将身旁的石头一分为二。当他正想提剑杀死干将，以确保宝剑举世无双时，干将却早有准备，拔出雄剑。突然，干将剑化为一条青龙，干将骑着龙直上云霄，成了剑神。

最忠义的刺客：豫让以死报智伯

豫让是晋国人，他先前在范氏和中行氏手下做事，但都没有得到重用，后来他投奔到智伯的门下。智伯与他进行了一番交谈，认为他很有才能，就重用了他。但是不久，赵襄子就联合韩、魏灭掉了智氏。

赵襄子与智伯结怨很深，智伯死后，他把智伯的头涂上油漆，当成酒罐子用。豫让听说这件事后十分气愤，自叹道："英雄应该为了重视自己的人献出生命，智伯对我有知遇之恩，我不能坐视不管，一定要为他报仇，就算是死也值得。"

于是他改名换姓，装作罪犯充当苦役。他偷偷来到赵襄子的宫中，冒充是修厕所的犯人。他在衣服里藏了一把刀，准备寻找机会刺杀赵襄子。

有一天，赵襄子上厕所，看到豫让十分陌生，便生了疑心，命令侍卫去查看，果然在他衣服里发现了匕首。赵襄子质问他："你我有什么深仇大恨，要来刺杀我？"

豫让愤愤不平地说："我要为智伯报仇！"赵襄子身边的武士听后就准备上前杀死他，但被赵襄子阻止了："他也是一个忠义之人，智伯没有后代，他的家臣想为他报仇也属情有可原，这是天下的贤士，我以后多加注意就是了！"说完便让人把他放走了。

虽然这次豫让死里逃生，但他还是没有放弃报仇的念头。他把全身涂上黑漆，又把炭吞下去，让嗓子变得沙哑，弄得自己面目全非，在街上乞讨，连他的妻子都认不出他。

有一天，他的朋友在路上碰见他，吃惊地问道："你不是豫让吗？怎么成这样了？"豫让答道："我是豫让，我一定要为智伯报仇，就算是死也在所不惜！"这位朋友听完很感动，就建议他说："以你的才能，去侍奉赵襄子，取得信任之后再行刺不是会更加容易吗？"

但是豫让并不是一个为了目的不择手段的人，他有自己的处事原则。他回答道："既然侍奉了他，却又想杀他，这是怀有二心啊！我知道像我这样做成功的概率很小，但是我就是要让后世那些怀着异心侍奉国君的臣子感到羞愧。"说完就走开了，

他害怕身份暴露，影响到自己的复仇大计。

皇天不负有心人，不久传出赵襄子要外出的消息，这让豫让等到了机会，他事先埋伏在赵襄子要经过的一座桥上。当赵襄子过桥的时候，他所骑的马突然受惊，他大声说道："一定是豫让在这里！"便立即派手下的人前去打探，果然不差，找到了豫让。

赵襄子责问他："你曾经也服侍过范氏和中行氏，智伯把他们都消灭了，你怎么不去为他们报仇，反而委身于智伯？现在他死了，你为什么单单找我为他报仇呢，这不是很矛盾吗？"

豫让解释道："我在为范氏和中行氏做事的时候，他们只把我当成普通人，我就以普通人去对待他们。但是智伯重视我，认为我是个能人，奉我为上宾，我就要以一个能人的姿态来报答他。"

赵襄子听了这番话，认为豫让是个顶天立地的大丈夫，不禁有些伤感，就对他说："先生为智伯报仇已经无人不晓，上次我宽赦你一次，这次不能再放你了！"豫让急忙说道："我听说贤明的君主不会埋没别人的美名，上次您宽赦了我，天下无人不说您是个贤明的君主。今天又来刺杀您，我理应受死，但我希望能拿来您的衣服砍几下，了却我这报仇的心愿，死亦无憾，希望您能成全。"

赵襄子对豫让坚持不懈的精神十分敬佩，便没有为难他，当场就脱下自己的外衣。豫让拿着剑对衣服猛刺，然后高声说道："我可以报答智伯了！"说完，便用剑自刎。

赵人看到此种情景，都感动得流下眼泪，称赞他是一个忠义的勇士。

最至情的刺客：聂政刺侠累

同专诸一样，聂政也是个出了名的大孝子。他本来是韩国人，因为杀了人，就带着母亲和姐姐逃到了齐国，以屠宰为生。

严仲子是韩国的一个大臣，他与相国侠累有仇，遭到侠累的追杀，于是他逃出韩国。之后严仲子周游列国，希望能找到一位勇士为自己报仇。他到齐国时，听人说聂政是个勇士，于是就想去碰碰运气。

严仲子先后好几次到聂政家拜访，俩人也算熟识了。当聂政的母亲过生日的时候，严仲子带着重金前去，等大家都吃得差不多时，便把黄金献给聂政，说是为他母亲祝寿。聂政见后忙说："我的母亲幸好健在，虽然家境贫寒，我现在还能做事维持生计，平时也可以买点好吃的孝敬母亲，我真不敢接受您的重金，请拿回去吧。"

经过多日的交往，严仲子认为聂政就是复仇最合适的人选，就把他拉到一旁，说道："我其实是想报仇，寻找勇士多年，听说您行侠仗义，便送来黄金作为您母亲的寿礼，我只想和先生交个朋友，实在不敢有别的奢望。"

聂政回答说："我之所以做屠夫，就是希望能过上安稳的生活，奉养我的老母，只要她还在世，我就不会轻易把生命交出去。"严仲子坚持要把黄金送给他，但聂政坚决不收，最后只好作罢。严仲子知道聂政是个孝子，所以才送去重金，让他好好安顿母亲，

但聂政认为，在他母亲眼中多少钱都比不上他的性命重要。

这样连续几次，严仲子难免失望，觉得报仇没有什么希望了。

不久，聂政的母亲去世，姐姐也嫁人了，等到守孝期满，聂政说道："我不过是个市井平民，而严仲子是诸侯的卿相，他屈驾不远千里与我结交，而我对他太薄情。"于是便主动去找严仲子。

严仲子一看是他，大吃一惊，问："先生找我何事？"聂政认真地说："以前没有答应您是因为我的母亲还在世，如果替您报仇就不能服侍我的母亲了。如今老母已不幸过世，姐姐也嫁给他人，我再无牵挂。请告诉我仇人的名字吧。"

严仲子先是感慨一番，然后便将事情原委一一地说了出来："我的仇人侠累，是现在韩王的叔叔，家族势力庞大，守卫十分森严，我几次派人刺杀他都失败了，如果先生出手，一定会成功的，我再给您派几个壮士当助手。"

聂政摇摇头说道："我一个人去就够了，人多了反倒不好，容易走漏风声，一旦被韩国人知道，你将与整个韩国为敌，到时候哪怕你有再多的人也无济于事。"严仲子觉得他说得很有道理，便没有阻拦，于是聂政就只身去了韩国。

到了韩国之后，聂政寻找机会到了侠累的身边，准备在侠累没有任何防备的情况下一击毙命。他的行刺方式十分大胆，因为他本来就是抱着当人肉炸弹的心态去的。终于，他一举成功，刺死了侠累。

侠累身边的卫士们看傻眼了，都蜂拥而上围攻聂政。聂政大

呼酣战，竟然又连续击杀十几人，但最终因为对方人多势众而无法脱身。聂政知道自己必定会被抓住，就用剑把脸划花，弄得面目全非，然后挖出自己的眼睛，又剖腹挑肠而死。

韩国的士兵将他的尸体扔到街市上并贴出告示悬赏，有谁能认出这个刺杀侠累的凶手，就赏赐千金。但是过了很久，还是没人知道他是谁。

聂政的姐姐聂莹听说这件事后，心想这不会是我弟弟干的吧，当初严仲子拿着重金来找他，肯定与这件事有关。于是她赶往韩国，到了街市上，看到死者果然是自己的亲弟弟，就抱着尸身大声痛哭起来。

一个路人看见后，就问她："你不知道大王正在悬赏千金来查询他的身份吗？他杀死了韩相侠累，可是重犯啊！"她点头说道："我正是听说了这件事，才特意来看看的。"

路人问："既然知道，又何必来相认呢？这可是会牵连到你的呀！"聂莹十分郑重地回答："当初有人找我弟弟杀人，他因为顾及母亲还在，我没有嫁人，所以没有答应。而今母亲过世，我也嫁人，别人对他的恩情他必定会以死相报。但他害怕连累到我，就毁掉自己的脸，让人认不出来，可是我怎么能因为怕死就埋没了我弟弟的名声呢？"

当她说完，仰天大呼，最后悲恸而死。韩国人都被她的言辞和举动震惊，感慨这一对姐弟骨肉情深。

知识链接

刺客聂政的传说

在东汉蔡邕的《琴操》中，聂政的故事又有了另一个版本。该书记载，聂政的父亲承担了为韩哀侯铸剑的任务，可是他超过了工期没有完成，韩哀侯就将他杀害了，当时聂政尚未出生。等到聂政长大后，他的母亲告诉他父亲的死因，从此聂政发誓要为父报仇，刺杀韩哀侯。他习武学剑，先是以泥匠的身份混入韩哀侯的王宫，可是第一次刺杀并没有成功，于是就逃到泰山，跟着仙人学琴。因为害怕被人认出，他就改变自己的容貌，拔掉了所有的牙齿。后来，经过十几年的勤学苦练，终于弹得一手好琴。聂政离开师父重回韩国后，在街上弹琴时观者众多，连马和牛都停下来听其演奏，因此名声大噪。韩哀侯听说了这么一个人，便召他入宫。为了避开禁卫的搜查，聂政偷偷地将利刃藏在琴内，神态自若地步入宫中。面对自己的杀父仇人，他使出浑身解数抚琴弄音，让韩哀侯及其身边的侍卫们听得如痴如醉，都放松了警惕。聂政瞅准时机，抽出琴内的短剑，猛地一扑，韩哀侯猝不及防，当场毙命。他趁势毁掉自己的容貌，挖出眼睛，剖开肚皮而死，无人能够辨识。

这个版本的故事后来成了被人们广为熟知的《广陵散》的曲情，被琴家们广为弹奏。其中，弹得最好的是"竹林七贤"中最有影响力的名士嵇康，他使得此曲成为千古绝响。

最悲壮的刺客：荆轲刺秦王

荆轲是卫国人，一直辗转于各国，郁郁不得志。后来，他来到燕国，整日游走于街市，遇见一个杀狗的屠夫高渐离。有时候他们在一起喝酒，高渐离击筑，荆轲就和着音乐唱歌，唱着唱着就会突然哭起来。

荆轲虽然喜欢剑术，但从不惹是生非。他平时也爱读书，大家都说他不是一个等闲之辈。燕国有个叫田光的隐士听说后，也很友好地接待了他。

不久，燕国的太子丹从秦国逃了回来。太子丹曾经在赵国做过人质，秦王嬴政也在赵国出生，少年时他们俩关系很好，可是等到嬴政回国继位之后，就开始对太子丹不客气了。太子丹忍不下这口怨气，就偷偷回到燕国，一心想要报复秦王，无奈燕国实力弱小，力不从心。当时秦国以虎狼之势蚕食各国，力量更为强大，其他国家想要与秦国交战，无异于以卵击石。

太子丹报仇心切，就找到他的老师询问计策。他的老师说道："现在的秦国土地遍及天下，若想灭掉燕国也只是时间早晚的问题，你怎能因为心生怨恨就要去触碰这怒龙的逆鳞呢？"太子丹一听，心凉了大半截，他虽然也知道这件事情很不容易，但就是咽不下这口气。老师见他这样，便让他去寻找隐士田光商量此事。

田光得知事情的原委后，就向他举荐了荆轲。因为害怕事情泄露，太子丹就嘱咐田光千万要保密。田光也是个明白人，他让

荆轲去见太子后，便自杀了。

荆轲来到宫中，见到太子便说："是田光先生让我来的，而且他已死去。"太子丹听到后，痛哭流涕道："我告诉他不要泄露，是因为此事重大，但他自杀不是我的本意，是我害了他啊！"

等荆轲坐稳，太子丹以头叩地说："如今秦王有贪利的野心，不占尽天下的土地，他是不会满足的。燕国弱小，多次被战争困扰，即使调动全国的人力、物力、财力也不能抵抗秦军。我私下里有一个不成熟的想法，如果能得到天下的勇士去秦国，用重利诱惑并接近秦王，秦王贪婪，到时候他的命就由不得他做主了。假如可以劫持秦王，让他归还所有侵占的土地是最好的；如果不成，就趁机杀掉他，希望您能考虑这件事。"

荆轲沉思一阵之后，说："这是国家大事，我的才能低劣，恐怕不能胜任。"太子丹坚决请求他不要推辞，荆轲终于答应下来。于是，太子就尊荆轲为上宾，天天到他的住处拜访，供给贵重的饮食，或献上奇珍异宝。总之，荆轲之前没有享受到的荣华富贵都尽情地享受了。

过了很长一段时间，荆轲依然没有任何要行动的意思，太子丹心里的那根弦也是紧绷着。这个时候，秦国已经攻破赵国都城，俘虏了赵王。秦军继续以摧枯拉朽之势向北逼近，直到燕国南部的边界。太子丹害怕了，于是请求荆轲说："看样子秦军迟早是要攻打过来的，到时候就算我想要长久地侍奉您，又怎么能做到呢？"荆轲回答："就是您不说，我也要行动了。但是现在到秦国去，

没有让秦王可以相信我的东西,我就没办法接近他。听说樊於期逃到了燕国,秦王正悬赏黄金千斤、邑万户来要他的脑袋。如果将樊将军的脑袋和燕国督亢的地图献给秦王,秦王一定会很高兴地接见我。那个时候我就有报答您的机会了。"太子丹犹豫道:"樊将军穷途末路才来投奔我,我实在不忍心为了自己的私利而伤害他,请您再考虑别的办法吧。"

荆轲知道太子丹不忍心,于是就私下会见樊於期,说:"秦国对待您真是太残酷了,父母和亲族都被杀尽。如今又听说要用重赏来购买将军的首级,您打算怎么办呢?"樊於期仰天长叹,叹息道:"每当我想到这些都痛入骨髓,却想不出什么办法来。"荆轲说道:"我有一个办法既能为将军报仇,又能解燕国的忧患,希望能得到将军您的头颅,拿过去献给秦王,到时候我左手揪住他的衣袖,右手持刀刺进他的胸膛。您觉得如何?"樊於期听到后脱掉一边的衣袖,一只手紧紧握住另一只手腕,走近荆轲说:"我日日夜夜切齿碎心的仇恨,终于有机会报了。"说完毅然自刎。

太子丹听到这个消息后,赶紧驾车前往,趴在尸体上大声痛哭,极其悲恸,但已经没法挽回了。于是就将樊於期的头颅装到匣子里密封起来。

荆轲带了一把涂满剧毒的匕首放在地图里,又让一个杀人不眨眼的勇士秦舞阳作为副手,准备西行入秦。

太子丹和少数宾客穿上白衣戴着白帽到易水边上为荆轲送行。高渐离击筑,荆轲和着节拍唱歌,发出苍凉凄婉的声调,送

行的人都流泪哭泣，一边走一边唱："风萧萧兮易水寒，壮士一去兮不复还！"荆轲跳上车，头也不回地走了。

到了秦国以后，荆轲将价值千金的礼物赠给秦王的宠臣蒙嘉。蒙嘉替荆轲在秦王面前说："燕王确实被大王的威严震慑得胆战心惊，不敢出动军队抗拒大王的将士，他们全国上下都愿做秦国的臣子。因为畏惧不敢亲自前来陈述，特地砍下樊於期的首级并带上燕国督亢地区的地图前来，请大王指示。"

秦王听到这个消息非常高兴，就穿上礼服，在咸阳宫用外交上极为隆重的仪式召见了燕国的使者。

荆轲捧着樊於期的首级，秦舞阳抱着地图匣子，按照正、副次序前进。走到殿前台阶下的时候，秦舞阳突然脸色大变，害怕得发抖，大臣们都感到非常奇怪。荆轲回头朝秦舞阳笑笑，上前谢罪道："北方蛮夷之地来的粗野人，没有见过天子，所以就害怕了，请大王原谅，让他能在大王面前完成使命。"

秦王说："递上秦舞阳拿的地图吧。"荆轲接过地图献上，秦王打开地图，当图卷展到尽头的时候，一把匕首露了出来。荆轲趁机抓住秦王的衣袖，拿着匕首直刺。秦王大惊，急忙抽身起来，衣袖挣断了。秦王想拔剑，可是剑太长，又因为惊慌失措，不能立刻拔出剑来。

荆轲追赶秦王，秦王绕着柱子躲闪。大臣们吓得发呆，突然发生这种意外事件，大家一时都手足无措。按照秦国的法律规定，殿上的侍从、大臣是不允许携带任何兵器的，而拿着武器的武官都守在殿外，没有秦王的命令不准进殿。荆轲追杀着秦王，大有一击必杀的态势。

危急时刻，秦王的侍医夏无且首先反应过来，提起手里的药箱就向荆轲砸去。其他人叫喊道："大王，把剑推到后面。"秦王忙把剑推到背后，这才拔出宝剑对荆轲进行还击，砍断了他的左腿。荆轲受伤，就举起他的匕首向秦王投刺过去，但这一下没有击中。秦王又继续连砍荆轲八剑。

荆轲知道大事不能成功了，于是就倚着柱子大笑，说："我之所以没有成功，是因为想活捉你，迫使你归还侵占的土地，以此来报答太子丹。如果我要想杀你，早就成功了。"侍卫们并不给荆轲稍稍喘息的机会，冲上大殿将他杀死。

知识链接

高渐离

这里要顺带提一下荆轲的好友高渐离。秦国灭掉六国之后，秦王听说高渐离的击筑水平天下一流，于是召他进宫。可秦王知道他和荆轲的关系，也怕他来谋害自己，就将他的眼睛弄瞎了，从此放心地让他去击筑。可就是这么一个看起来毫无杀伤力的瞎子，偷偷地将铅块灌于筑中，使得筑既是乐器又成为武器。在秦王听筑入迷不留意的时候，高渐离用灌铅的筑击打秦王，可惜没有击中，在这么多卫士面前，遭到如荆轲一样的下场。

思维发散：

想一想这批著名的刺客，他们是正义的勇士还是杀人不眨眼的恐怖分子？他们的行为是出于民族大义还是被当作某些人实现自己私利的工具？我们应该如何评价他们的行为呢？

⟨智慧点津⟩

中国独有的侠客文化，造就了许多名留青史的刺客。"士为知己者死"贯穿着刺客文化的整条脉络，他们的故事之所以能经久不衰，最主要的还是因为重义气、重承诺的豪侠精神。他们将生死置之度外、义无反顾的事迹，让人读来荡气回肠。但是在今天，用历史的眼光来看，他们的行为更多的是愚忠，更可叹的是，他们大多成了君主上位或谋私利的牺牲品。真是莫大的悲哀，亦是极大的讽刺！